与最聪明的人共同进化

HERE COMES EVERYBODY

CHEERS

CHEERS
湛庐

如何
成功管理一家
软件公司
Amp It Up

[美] 弗兰克·斯洛特曼　著
Frank Slootman

陈述斌　陆思佳　译

浙江教育出版社·杭州

你了解软件公司的管理秘籍吗?

扫码加入书架
领取阅读激励

扫码获取
全部测试题及答案,
一起了解帮助软件公司
发展扩大的管理技巧

- 企业在稳健、逐步、分阶段的发展模式下会更容易成功吗?

  A. 是

  B. 否

- 下面哪项不属于衡量一个使命是否伟大的标准? (单选题)

  A. 远大的

  B. 清晰的

  C. 业内知名的

  D. 无关金钱的

- 以下哪种类型的员工不是快速发展的企业所需要的同路人? (单选题)

  A. 隐藏自己,从来不显山露水

  B. 胆量过人,对自己和他人要求很高

  C. 时间观念很强,雄心勃勃

  D. 对自己的工作有很强的主人翁意识

扫描左侧二维码查看本书更多测试题

弗兰克·斯洛特曼
FRANK SLOOTMAN

硅谷传奇 CEO、美国科技界最有成就的领导者

科技史上最大规模 IPO 的缔造者
连续三次创造超速增长传奇

斯洛特曼的传奇始于 Data Domain，这家公司主要解决的是磁盘介质的备份、恢复和重复数据的删除问题。斯洛特曼在 2003 年加入团队后，仅用 4 年时间就带领这家初创公司从早期阶段发展到上市，并在 2009 年将公司以 24 亿美元的高价卖给了当时的存储巨头易安信。

为斯洛特曼增添传奇色彩的第二家企业，是著名 IT 运营自动化公司 ServiceNow。斯洛特曼于 2011 年接任 CEO 后，次年便带领 ServiceNow 成功上市。在他 2017 年从 ServiceNow 退休时，这家公司的市值已从上市时的 29 亿美元上涨到了超过 160 亿美元。直到 2024 年，ServiceNow 的市值一路高歌猛进，早已超过 1 000 亿美元，成为仅次于 Salesforce 的市值第二高的软件公司。

在卸任 ServiceNow 的 CEO 后，斯洛特曼过了 2 年退休生活，但是随后他又被数据仓库技术公司 Snowflake 的迅速崛起所吸引，于 2019 年接受 Snowflake 公司早期投资人迈克·斯佩瑟（Mike Speiser）的邀请，出任 Snowflake 的第三任 CEO，并于 2020 年又一次带领一家成立仅 8 年的软件公司成功上市，创造了新的奇迹。

在他的领导下，Snowflake 公司成长为最为耀眼的数据技术企业之一，2020 年 9 月一上市就获得了客户们的认可，当时市值便已超过 700 亿美元，是有史以来科技领域最大的云计算和软件公司的 IPO，甚至吸引了极少参与新股认购的巴菲特来"打新股"！要知道，上一次巴菲特"打新"还是在 1956 年福特公司上市时。

"技术领域的亨利·福特"
让大数据进入"流水线快销品"时代

相隔 64 年，巴菲特仅参与过福特公司和 Snowflake 这两次 IPO "打新"。某种意义上说，Snowflake 和当年的福特汽车颇有相似之处。

创新的一个特征就是让技术民主化，每个人都能用得起。因流水线生产而获得巨大成功，福特汽车真正地将汽车变成了工人阶级也能够买得起的快消品，这是对当时"美国制造业翻天覆地的改革与创新"。同样，由于斯洛特曼对"网络效应"带来的正外部性非常了解，深知可以访问数据的人越多，可以共享的数据连接越多，从这些数据中能够发掘、实现的价值就越大。在斯洛特曼的带领下，Snowflake 将原来只有大企业才能负担得起的数据仓库技术，通过云计算给彻底民主化了，让数据云平台变得成本低且易操作，大数据时代让人人都可以成为分析师的这个"口号"，不再只是一句口号。

2023 年 6 月 26 日，斯洛特曼和英伟达创始人黄仁勋达成重磅合作：风头正劲的云数据平台与世界第一芯片公司联手，Snowflake 的用户可以在数据不离开平台的前提下，直接利用英伟达的预训练 AI 模型，在云平台上对自己公司的数据进行分析，开发针对自己数据的 AI 应用。

使命驱动型组织的领导者
拥有硬核手腕的"将领"

和硅谷其他软件公司通过良好的福利来吸引员工不同，资深的领导者斯洛特曼只希望通过胜利来凝聚团队，建立"硬核"的企业文化，主张只招有激情的人，共同进取，聚焦在重要的事情上，提高标准，更快地取得胜利。长年累月的工作经验令他坚信，如果一个人能克服挫折，将其转化为强有力的商业策略，那他必然能取得令人满意的工作成绩。

斯洛特曼总是说："我们的公司是海军陆战队，不是和平队。平静的生活不属于我们。像我们这样的创业公司，每天都要为了生存而与巨头对抗。我们是偏执狂，时时刻刻感到生存受威胁。想加入我们，你必须有战斗心态。"

致竞技场上的人们：

　　荣誉不属于那些批评家，不属于那些只会对强者失败的原因指指点点，或者对实干家如何能够做得更好品头论足的人。荣誉属于那些真正在竞技场上拼搏的人，属于脸上沾满灰尘、汗水和鲜血的人，属于顽强奋斗的人，属于屡败屡战但仍拥有巨大热情和奉献精神的人。没有任何努力是错误的。荣誉属于那些投身于有价值的事业的人，属于敢于追求伟大梦想，最终取得伟大成就或虽败犹荣的人。因此，他的位置，将永远不会和那些本性冷漠、胆小而不知胜败的人在一起。

西奥多·罗斯福
1910 年

软件公司业绩增长，要狠抓五大关键

多年前，我在领英上发布了一篇名为《如何成功管理一家软件公司》（*Amp It Up*）的文章，引起很多人的关注。这篇文章主要论述了公司无须大费周章地改变其人才、管理结构或基础商业模式，也能拥有相当大的业绩提升空间。我给出的忠告是：既要把握当下，也要努力适时地把事业做大。这就需要公司在提升标准、加快节奏、聚焦精力和协调团队 4 个方面下狠功夫。当然，公司也没必要聘请太多顾问确保万无一失，相反，公司最先要做的是让员工对接下来的工作满怀憧憬，时刻保持精神饱满的状态，做到严阵以待。

这篇文章发表后获得了上万次点赞、分享和评论。同时，我也收到了许多座谈会和主题演讲的邀约。我的确乐于和一些杰出人物攀谈，特别是跟企业家们进行一些深入的交流，我在各类大会和商学院的论坛上也发表了多次演讲，但显然还是无法顾及每个想要深入了解软件公司如何实现超速增长的观众。尽管我认为管理者有责任向他人分享并传授经验，但是三五成群地聚在一起交流，效率很低且传播范围有限，特别是当你的本职工作已占据自己大多数时间和精力的时候，你会尤其厌烦这种讨论形式，更不用说一对一沟通了。鉴于此，我写下了这本书，它浓缩了我过去职场奋斗的精华——关于如何领导一个业绩出色的任务驱动型公司的信念、经验和方法。

这本书围绕我在整个职业生涯中衍生出的概念、策略和谋划展开，里面最值得注意的是我在 3 家截然不同的公司担任 CEO 的经历：2003 年至 2010 年就职于 Data Domain 公司，2011 年至 2017 年转到 ServiceNow 公司，2019 年至今一直在 Snowflake 公司工作。虽然中途我也曾多次担任风险投资人、董事会成员或公司主管，但是与担任 CEO 的丰富经历相比，我在其他方面的经验还是有所欠缺。我乐于顶着激烈的市场竞争的压力，扛起领导公司、为公司出谋划策、搞好公司文化建设和提升公司执行力的重任。

倘若一家公司的领导层开始显现出能力不足或是心不在焉的一面，危机往往就会紧随其后。大多数人碰到这种领导层就会开始消极怠工，甚至把"差不多得了"的做事原则奉为圭臬——人的本性即是如此。如果领导层用心不专，各种琐事就会扎堆出现，让员工分不清轻重缓急。公司里的顶尖人才也会随之心生失望之情，相继离开，因为他们的才华和精力在这里无处施展。此时，公司已处在危险边缘，一步步滑向深渊，除非立即做出调整，大刀阔斧地进行改革。

这种情况下，一旦对领导层结构做出调整，就可以产生立竿见影的效果，且会比公司进行人才、组织和策略等方面的结构性变革来得更快、更明显。改变领导层结构后，你会发现整个公司员工的动力和工作效率都有所提高，他们会着手攻坚克难、变得更加专注，对公司发展前景的期待值也会有所提高。似乎在顷刻间，一切都开始运转起来，事情的发展趋势发生了根本性的变化。

这种现象不只是商业领域所独有的。我们经常看到许多运动团队虽然在各个赛季的阵容没有太大变化，却能转败为胜。1959 年，文斯·隆巴迪（Vince Lombardi）正式成为绿湾包装工橄榄球队（Green Bay Packers）的主教练时，这支队伍刚刚以 1 胜 10 负的成绩结束了上个赛季，此前还连续 11 个赛季战绩不佳。但到了第二年，隆巴迪就将这支队伍从低谷中带出，打出 7 胜 5 负的好成绩，这是他们这么多年以来首次胜多负少。然后，他们开始拿下一个又一个分区冠军。直至今天，"超级碗"的冠军都会收到一个以文斯·隆巴迪的名字命名的奖杯。这一致敬方式足以说明，一个好的管理者是多么重要。

我之所以写下这本书，不仅是为了给你一些策略性的建议，也为了说明这些建议适用的情景，以及思考问题的角度和方法。你不妨试一试我分享的这些方法，看看是否适合自己。我的目标并不是说服所有人都支持我的观点，至于要不要大胆一试，选择权还是在你自己手里。

不过我相信，无论你是一家公司的 CEO，还是初创公司、大公司或是非营利机构的管理者，读完前几个章节后你会更有信心地为自己的职业生涯而奋斗。

另外我还想说，同行是你获得上述认识的唯一途径。我无意冒犯我的那些风投伙伴，不过他们往往会产生一种错觉：自己只要参与了投资就能给董事会里的企业家上一课，哪怕他们中的许多人从未亲身参与过公司管理等事务。要知道，看别人做事跟自己亲自上手完全是两个概念。

在过去 20 年间，我所服务的公司都受到过媒体的高度赞扬，我接手的 3 家公司皆成功完成了首次公开募股（IPO），创造了数千亿美元的市值，这是不争的事实。但是，排除那些批评的声音，外界也有不少人质疑我们取得成功的方法。有鉴于此，我打算从本书提出的五大关键步骤开篇：提升标准、协调团队、聚焦精力、加快节奏、打磨战略。

提升标准

史蒂夫·乔布斯曾认为，只有"极好"的事情才能让他获得灵感。他似乎对一切都设定了很高的门槛，凡事只要达不到他的标准都会被拒之门外。或许，你也可以试试每天以"极好"的标准要求自己，看看你接下来能走到哪一步。大部分人会为了顺利完成某件事情而降低自己的做事标准，一离开办公桌就把所有的事情抛在脑后。切勿效仿那些人，你要做的就是在心生这种念头的时候，先克制自己的冲动。当然，你也无须为了追求"极好"而耗尽心力地拔高标准，结果超出自己的承受范围，最好是一步步来。你需明白一点，提升标准的目的是自我激励。

比起告诉别人自己对于某项提案、某件产品或者某种功能的看法，倒不如反问自己他们此时心中所想：他们对此的反应是激动吗？是乐见其成吗？大多数时候，我听到的回复是"一般"或是"不错"，但过后他们也能从我的表情中猜出这不是我想要的答案。所以，在向别人提出建议前请先体会下这个建议，当你会因自己的建议涌起澎湃之情时再向别人提议吧。

我们都应该为当下所做之事而激动。所以，去寻觅你内心深处的"乔布斯"吧，朝着"极好"的方向前行，这是一件多么激动人心的事情啊！

协调团队

随着业务规模的扩大及变量的增加，协调一致对公司未来的发展愈发重要。问题是，我们都是"同一条船上"的人吗？我们都在朝着同一个方向奋斗吗？

刚进入 Snowflake 公司时，从这家公司的整体运营情况来看，我更偏向称它为一家采取了订阅模式的伪 SaaS（Pseudo-SaaS）公司。但它本质上是一家有消费模式、提供云计算服务的公用事业公司，其交费方式也和缴纳电费一样，客户仅需为其订购的服务支付费用。然而，Snowflake 公司的销售团队和常规的 SaaS 公司一样，其重心全放在预订量或是销售合同金额上，即便 Snowflake 公司尚未在预订中确认哪怕一美分的实际收入。

现实情况是，预订并不会带来收入，只有等客户正式完成消费后，这些款项才能被确认为实际收入。在这里，消费的作用仅仅是间接刺激客户预先购买，因为客户使用完产品或服务后才有可能会选择重新订购。

公司中员工协调不一致的现象随处可见：销售代表往往忽视客户的消费情况，甚至会超量出售，随之而来的结果要么是公司产品或服务的续订量大幅缩减，要么是在未来一段时间内公司只能降价销售自己的产品或服务。又因为公司产品或服务的销售提成与员工的收入并不直接挂钩，所以佣金成本与收入不成正比。

Snowflake 公司用了几个季度的时间完成了向消费型公司的转变。"消费"一词成了公司的一大特色。如今，我们看待任何事情都会从消费出发，这能帮助我们更好地进行内部协调。

针对销售提成与收入不匹配的问题，在薪酬激励制度方面，我们进一步强化了协调一致性。对于执行团队，我们支付给每个人同样的薪资，同时配备了一套非常完善的奖励制度，每个人可根据各项重点指标的完成情况获得奖金。同时，按照公司的佣金管理制度，如果销售人员未获得佣金，那么销售主管也同样拿不到奖励，这样每个人都知道自己该朝什么方向去努力。

另一个导致员工协调不一致的因素是目标管理法（management by objectives, MBO），也就是让员工认为他们是在为自己的事业而奋斗。在过去 20 年里，我所任职的每家公司都已经摒弃了这种管理方式。在目标管理的模式下，员工需要根据个人业绩获得相应补贴，所以在以后的时间里，他们无论如何也不会离开自己正在进行的项目，否则他们会为了离职补偿和你谈判。这根本不是更高层面的统筹协调，而是各自为政。运用目标管理法驱使员工工作，就很有可能招来不合适的员工或管理方式错误的管理层，抑或两者皆有。

聚焦精力

有些公司往往把精力分散在一些"优先事项"上面，而这些所谓的"优先事项"中很大一部分甚至没有明确的界定。随着时间的推移，余下的事情越来越多，等员工反应过来时就会发现，手头上的事情已堆积如山。可以说，我们处理事情应避免走马观花、浅尝辄止，而是尽量做到少做一点、做精一点。当然，解决问题所需的速度和效率与同步进行的事情数量密切相关。同时做一堆事情，就好比在胶水里游泳、在糖浆中穿行，寸步难行。

以下两件事，管理者做完后几乎可以立刻看到成效。

首先，考虑按顺序执行，而不是并行执行。最好在相同时间内处理较少的事情，并确定事情的优先级。即使你并不确定自己的排列顺序是否恰当，也要放手一试，自主思考如何给事情排序这个过程本身就很有启发性。

你最先要做的就是认清工作中哪些事情是最重要的，哪些事情是次要的，哪些事情是可以放在最后完成的，否则你的员工就会质疑你的安排。你应该反复问自己两个问题：我们下一步不要做什么？不做这件事的后果会如何？请慢慢养成不断给事情排序和重新调整规划的习惯。

大多数人都可以通过提问较为轻松地列出最重要的 3 件事。作为一种训练方式,我通常会这么问自己："如果你今年剩下的时间里只能做一件事,没有其他选择,那你会做什么？理由又是什么？"人们对此十分纠结,因为确实很容易选错,这也正是问题所在。一旦做出错误的选择,你就无法妥善分配资源,后续的状况就会令人担忧。所以,即使你现在清楚地知道正确的选择是什么,还是应该尽可能避免使用带有指向性的问题,毕竟列出 5 件或者 10 件重要的事情会更容易一些。

理想情况下,优先事项应该具有唯一性,即只有这一件。但是,如果你面前出现多个优先选项,上面的问题就是无解的。

进入 ServiceNow 公司后,我和我们的新任首席产品官围绕"什么才是唯一的优先事项"这个话题进行过一次深入探讨。产品公司要做的事情高达百万件,所以管理者需要切实提高自己的思维能力来以点带面、纵观全局,避免一叶障目,不见泰山。这个话题无法迅速略过或是轻松应付,因为陷入日常琐事中的人们,可能整天都在忙着处理小事,很容易忽视全局。关于这个问题的答案,我心中已有定论,但是我们的首席产品官和我的想法一致吗？他心中会不会有别的选项呢？

那时，我们制定的目标是以用户体验为核心，实现产品和服务从工业级到消费级的转变。这一转变在短期内难以完成，需要转变长期战略，即便它不涉及改变工程师文化[①]，还是需要我们持续不断地为之努力。这个项目对公司未来的发展至关重要，实现的过程也十分艰辛，但公司必须经历这样一场脱胎换骨的变革。原先我们的客户主要是在计算机、通信领域工作的技术人员，他们对自动化程度高但体验感不佳的产品和服务有较高的容忍度。但为了实现目标，公司必须做出改变。

这个过程中的关键是，管理者的思路要清晰，否则底下的员工只会在一个问题上纠结，迟迟拿不定主意，导致项目难以取得明显进展。有时候，虽然管理者提出了很好的想法，但是这些想法未被列为优先事项，而且给它们分配的资源有限，最终难出成果。

其次，管理者模棱两可的指示会让下属员工难以领悟上级的意图，从而出现执行混乱的情况；也因此，思维清晰且目标明确的管理者是商业竞争中的不二法宝。打造卓越领导力是一个循环往复、永无止境的过程，我们需要不断提炼事物的本质，抓住其内核。请清楚地表达出你心中所想。如果管理层都没能

---

① 工程师文化：指一切为解决问题为导向的工作文化。更多关于如何建立"以解决问题为导向"的组织模式的内容可参考《向 NASA 学工程师文化》，该书中文简体字版由湛庐引进，浙江教育出版社于 2022 年出版。——编者注

对最优先事项理解到位，那么下属又会将其曲解成什么样呢？

加快节奏

为什么在一个管理混乱的公司里，员工只会不紧不慢地工作？因为不论任务完成得快慢，他们都要待在那里，办事效率再高也没什么差别。如果你亲眼见过美国加利福尼亚州的一个机动车辆管理局内部的工作方式，就会明白我想表达的意思。那里的员工直到下午 4 点才开始工作，因为此时距离他们的下班时间只剩下半小时，在做完当天积压的全部工作后，就能准时下班。一天中别的工作时间干什么，又有谁在乎呢？无论他们做得快还是慢，都得待在那儿。

管理者决定员工工作节奏。有时候，员工希望一周后给予我答复，我会反问："为什么不是明天或后天？"试着去压缩工作周，只要你愿意调整心态，就能让工作更加高效。一旦管理者的做事节奏加快，大家也会随之提速，员工的工作积极性也会被重新唤起，公司才会充满节奏感和张力。充满活力的公司文化往往能吸引出色的员工。

这种压缩工作周的办法可以运用在多种场合，不仅仅局限于回复一封邮件或是发送一份备忘录，管理者还可以利用每一次与员工的偶遇、开会或其他机会，来加快进展中的项目的进度。此外，管理者还要懂得适当向员工施加压力，甚至可以适时表现得不耐烦。耐心或许是一种美德，但在职场上，这往往表明你的管理水平欠缺。没有人想在胶水里游泳，或是被推赶着做事。但现实中有一些公司反而会故意放慢做事节奏，最好尽快改变这一情况，越快越好！

打磨战略

本书的大部分内容都是关于执行力的，特别是与核心任务相关的执行力。但战略的作用依然至关重要。一旦你知道如何有效执行，那么自身运筹帷幄的本领也会突飞猛进，运用战略时往往能起到事半功倍的效果。转换战略需要你在商业模式上拓宽视野，审视周围，进一步开辟更广阔的新市场。就像橄榄球球场上的四分卫 [①]，就算角落也不能忽视。

思考战略会让大脑的不同部位产生能量消耗，这种行为更突出的特点是抽象性、变通性、动态性和多维性，需要把许多看似不相干的事物关联起来，其中涉及的种种细枝末节可能多到令人发疯，就像是要倒逼你换用不同的思维模式来做同一件事情。

---

① 在橄榄球球场上，四分卫通常是临场指挥的领袖。——编者注

在其他人都不假思索地埋头做事时，你须抬头敏锐地捕捉到战略转变的契机和需求。在发展自有商业模式的道路上，你一定会面对战略转折点、应对环境变化等外部因素，此时要保持一种良性的偏执感，因为你的竞争对手势必会试图扰乱你的节奏。这种情况就像太阳明天肯定会照常升起一样，几乎是必然的。

豪迈地拼搏

2017 年我从 ServiceNow 公司退休后，本无心再担任其他公司的 CEO。但像我这样的人（或者像你这样的人），总是对这个舞台万分留念。后来，我还是以 Snowflake 公司 CEO 的身份继续帮助这家未来可期的公司发挥潜能，我其实十分激动。于我而言，这是一场豪迈的拼搏，摆在眼前的是全新的平台、对手及商业模式。这个领域的一切都走在时代前沿，给人带来极大的刺激感，置身其中的人们必须不断汲取那些层出不穷的新经验和新知识才能取得成功。

培养领导力可以说是世间最孤独的修行。在此期间，你每时每刻都会有不确定感，会处在紧张焦虑和害怕失败的负面情绪中。因为你要做出无数个决策，其中任何一个决策出纰漏都可能让员工和投资方失望，让公司在人力和资金两方面面临高风险。更可怕的是，这种事情没有实施手册或操作指南。可以说在某种程度上，你遇到的是前所未有的问题。尤其是那些处于创业初期的公司，会深感自己陷进了商业战争的硝烟之中，看不清前路。

我希望本书能帮助你驱散眼前的迷雾，了解管理方面的相关背景知识，厘清自己的选择，让你和你的公司在未来发展的道路上熠熠生辉。

目录

AMP IT UP

第一部分

关键一，提升标准，鼓励员工雄心勃勃，大胆行动

LEADING FOR HYPERGROWTH BY RAISING EXPECTATIONS, INCREASING URGENCY, AND ELEVATING INTENSITY

Great execution is rarer than great strategy.

强大的执行力比战略
更重要。

第 1 章

真正驱动软件公司增长的
是难以企及的伟大宏图

"使命驱动"一词能精准刻画出我在领导 Data Domain 公司、ServiceNow 公司和 Snowflake 公司时所采取的管理理念。这 3 家公司之所以能不断取得成功并日益壮大，关键在于我们具备清晰而有吸引力的使命。这种使命引导我们竭力实现公司对客户做出的承诺，不断挖掘自身潜力。在"使命驱动"的激励下，员工们热情高涨、工作愈加专注，他们迫不及待地想要大展身手，甚至表现得有点狂热。

有使命感的人会发自内心地认同并履行职责，而不是只把完成使命当作一次"脑内活动"。倘若公司有了明确的发展目标，你就能切身感受到这点。比如，早上你投入工作时斗志昂扬，一天忙碌结束后，无论任务的进度如何，你的内心都会感到满足。使命感打开了一种未知因素：它无形中极大地提高了员工的表现能力，在这个过程中，所有员工会朝着同一个伟大目标迈进。除此之外，它还提高了你的工作效率，让你的生活变得更加有趣。

相反，如果你每天耗费大量时间处理繁杂琐碎的事情，比如浏览和发送邮件，将本职工作该做的任务推给别人，甚至提前找好替你承担失败责任的人，那么你就没有履行自己的职责使命。每天都待在"差不多就行"的公司里，人自然会无精打采、斗志全无。仅仅为了熬过每一天而工作，是最让人沮丧的生活方式。若某家公司内的员工大多如此，那它的未来岌岌可危。

当然，"使命驱动"这一术语并非我自创的。我曾天真地认为公司使命的重要性不言而喻，大家都很清楚这一点。任何一家公司都理应明白自己存在的目的和理由，同样，这两个方向性的问题也该清晰地传达给每一位员工。谁会对此持有异议？或许数十年前，大部分公司都有明确的发展目标，但是现如今越来越多的公司难以厘清自身存在的意义，陷入彷徨和困惑之中。在过去，明确的公司使命是一种重要的评判标准，但现在它却成了一个例外，赋予了管理者独特的竞争优势。

现在，我们来看看一项伟大使命的三大衡量标准：远大，清晰，无关金钱。

伟大的使命虽然艰巨但未来可期

首先来看 Snowflake 公司，它目前的任务是建立起一个全球最大的数据和应用平台，专门用来交换世界各地的数据。如此庞大的平台不仅在云计算时代极为罕见，在计算机历史上都是难以想象的。可见 Snowflake 公司的愿景是多么野心勃勃！就这项任务的规模和范围而言，它所在行业的其他任何公司都难以望其项背。要想实现这个伟大宏图，我们绝不能敷衍了事，因为市场断然不会允许我们蒙混过关。只有整个公司上下一心，笃定前行，我们才有可能成功，实现这个目标也就并非空口白话。

接下来是 Data Domain 公司，那时公司的任务是把磁带备份替换为磁盘备份，彻底淘汰磁带自动化这种数据备份和恢复平台，打造高速高效的磁盘和网络系统。我们讨论起整个行业的现状时，总会不由自主地把"磁带真是糟糕透了"挂在嘴边。当然，这项任务同样十分宏大，我们最终也实现了它，甚至带动了整个行业数据备份和恢复的数字化和自动化。除了那些与时代脱轨的提供磁带自动化平台的公司，可谓是"惠及了所有人"。

最后是 ServiceNow 公司。我们预想它在信息技术服务和运营管理方面能成为新的全球标杆。此前，我们发现上一代服务台管理软件普遍受 IT 人员的唾弃，因为这些软件产品僵硬死板，技术层面上也难以操作。其实，IT 人员很少更新系统，因为这个过程异常耗时，高成本、高风险且收益微薄。因此，我们立志为全世界的 IT 人员服务，让他们工作更加便利。如今，几乎整个信息技术行业都享受着 ServiceNow 公司提供的各种便利。

伟大的使命要清晰又坚定

公司立下的使命越清晰越坚定，员工就越会专注地去实现它，他们也自然不会费心思与别人过多讨论与任务不相干的话题。也就是说，一项伟大的使命能改善员工上班漫不经心、注意力涣散的情况。这里我想强调一点，我所任职的每一家公司里都存在员工上班精神不集中的问题，这往往也是员工出错的主要原因之一。

任务范围不断缩小是造成上班精神不集中问题的关键。随着时间的推移，公司员工的注意力自然而然会渐渐分散开来。对管理者来说，随手回复电子邮件、聊天消息或是各大社交媒体里的置顶信息等轻而易举，但每个人的时间和注意力都是有限的，如果我们把时间和注意力都耗费在那些层出不穷的新事物上，哪怕对自己的任务影响再小，也是一种阻碍。我们每天总会受到各种大事小事的干扰，继而分神，所以要靠自律，克服那些耗费我们时间和注意力的阻碍。

公司行动偏离原定任务目标或重新制订计划的情况，我们通常称之为"使命偏离"。我们必须时刻警惕使命偏离带来的危机。

伟大的使命不应涉及金钱

公司发展的目的不是让营收与利润超出华尔街其他金融机构预期的财务指标，而是让每个员工都要对此心中有数。当然，公司把财务指标数据给到投资者或股东过目无可厚非。我极其重视那些财务目标，它们是公司前进道路上的一座座里程碑，却绝非真正的使命。我接手的所有公司的初心都是为全世界带来福祉，改善顾客和员工的生活体验。我们也切切实实做到了这一点，创新的产品确实改变了人们的生活。

Data Domain 公司的使命是让信息技术行业摆脱了自计算机问世以来对磁带自动化的依赖。我们开发的基于磁盘和网络系统的平台更加快捷，数据可以得到完美的恢复并且成本较低，而与磁带备份相关的工作和岗位都不尽如人意，所以这种落后的技术自然也没什么人对它抱有好感，它终会被淘汰。比如，技术人员通常必须熬夜或是周末加班来监察数据备份和恢复的情况，而且磁带备份容易出错，同一批次的磁带中哪怕只损坏了一盘都是一场灾难。我们常常拿这件事情开玩笑地说："只要你不去想着恢复数据，磁带备份就是你的最佳选择。"

ServiceNow 公司的使命是"自动化一切人工流程，交付极致用户体验"，并把自己打造成面向所有服务领域的全球业务工作流平台。它提供了普通人也可以尽情享受的服务，还能满足他们不断增加的需求，因而备受 IT 人员的青睐，他们把这项技术运用到了自己的系统中。ServiceNow 公司光荣完成了这个使命。

Snowflake 公司的使命是再次进军大数据处理平台，搭建一个基于云服务的新型数据库和数据处理架构。在此之前，甲骨文和微软等公司已经推出了大型研究数据库的处理平台，但许多客户在应用 Snowflake 公司的平台后，大大提高了工作效率。他们纷纷对我们的平台赞不绝口，表示终于见识到了云计算无比强大的实力。我们颠覆了行业规则，从一个即时的追随者成为游戏规则的改变者，这一点一直持续到今天。我们搭建的数据云是一个前景广阔、史无前例的云数据平台，未来将持续不断地改变整个行业格局和职业前景。

上面这 3 家公司总共创造了数千亿美元的市场价值。Data Domain 公司之前融资了 2 800 万美元，随后在 2009 年，被易安信公司以 24 亿美元的价格收购。ServiceNow 公司的起步资金为 650 万美元，现阶段它的估值超过了 1 000 亿美元。Snowflake 公司在首次公开募股后，财报上的数字高达 50 亿美元，如今市值已超过 750 亿美元。

这时候可能会有不少评论家站出来表示，Data Domain、ServiceNow 和 Snowflake 公司创造的大部分财富都流向了投资者和高管，但这种评论并不全面。投资者和高管作为管理者，管理初创公司时承担了极大风险，公司成功后理应得到相应的回报。但是除他们之外，大多数员工也参与了价值创造的过程，做出了极大贡献，所以公司也会分配给员工适当的股权，让他们享受到部分收益，以此激励员工与公司的共生心态，让他们更有动力创造更大的价值。当然，这些股权也是为了提高他们的生活质量，比如他们可以用股权收益买房、留作教育经费、照顾亲人，以及保障退休生活。我内心深处始终牢记一点：公司的员工之所以能够把全部的希望寄托到我身上，是因为公司的命运与他们个人的命运息息相关。

我时常在公司召开的全体大会上强调，我愿用自己微薄的力量帮助每一个员工实现自己的人生价值，达到职业新高度，因为员工的发展与公司未来息息相关。作为交换，他们则需要尽其所能地施展才华来回馈公司。当然，我更愿意把这种交换称为一场交易，我们彼此都要倾尽全力。有时，人们会向我投来异样的眼光：一个 CEO 的目标居然是提高员工工资，真的假的？我可以保证，答案是肯定的，而且公司能证实这一点。有些员工虽然离职了数年，却仍然会给我发邮件，字里行间展露出他们的感激之情，因为公司改变了他们的人生轨迹。

带领员工朝着使命前进

既然你已经明确了自己公司的使命，接下来就要让每位员工认可并且朝着它的方向前进。培养员工使命感涉及四大关键点：聚焦注意力，制造紧迫感，提升执行力，制定合理的战略。

首先，管理者要帮助员工聚焦注意力，即提高其做事的专注度。如果员工并没有把注意力聚焦在自身的工作职责上，又何谈完成公司的终极使命？在公司实现伟大使命的道路上，员工们会遇到各种各样需要分心去处理的事情，它们有些还看上去无伤大雅，甚至会给公司名望的提升和整个社会带来积极的影响。比方说，如今许多公司希望能在迎合股东等利益相关者的同时，解决诸如气候变化和社会不公正之类的社会问题。但员工一旦受外界影响而放下手中的活，便再难专注于当前的主要任务。此时此刻，纪律的重要性就突显出来了，它帮助公司将人力物力集中起来，避免员工分神。

其次，制造紧迫感同样也是培养使命感必不可少的一点。

销售圈中有句名言："时间可能会破坏一切交易。"要知道，时间不是我们的朋友，拖得越久，风险越大。就类似于新进入者给现有公司带来的威胁[1]。越快脱离竞争，就越有可能成功。如果你的员工做事没有紧迫感，可以慢慢培养他们习得这种心态。适度紧张可以强化职业敬畏感，你不妨让员工试着接纳紧迫感带来的不适，而不是一味地拒绝它。一家公司需要有干劲十足的员工来激活办公氛围，这样其他员工干起活来才会更加轻快、高效和简洁。若团队中的每一个成员都以时不我待的紧迫感，抓紧做好各项工作，那么我们前进的步调也会保持一致，自然也就不存在因为分神而耽误完成任务的问题了。

　　再次，管理者引导员工执行任务时，必须合理规划、做到有条不紊且物尽其用。公司要想顺利完成使命，就必须拥有高效利用资源、保质保量达成目标的顶级执行力。比如，诺曼底登陆日的几个月后，欧洲盟军为了出奇制胜，计划采取历史上最大规模的空降作战，以迅速夺取荷兰的阿纳姆市及通往该市的主要河流上的 4 座大桥。然而，这个空袭计划失败了，失利的主要原因是情报严重失误，而制订出这一整套计划的总耗时居然不足 10 天。对于一个如此大型且风险极高的任务来说，这个时间未免太过于仓促，所以后果可想而知。

---

[1] 这里是指，新进入者在给行业带来新的生产力和资源的同时，也有可能会为了在被现有公司瓜分完毕的市场中获得一席之地，与现有公司发生市场份额的竞争。——编者注

最后，管理者制定策略时，必须时刻牢记自己的初心。不要轻易改变既定计划，除非你有了更有效的策略或是碰到了难以逾越的阻碍。而且，所有人都要秉持一个信念：需围绕任务目标来制定合理的策略。这里再次以诺曼底登陆战役为例，尽管盟军取得胜利的原因是多方面的，但其在谋略方面的出色运用是不可忽视的重要因素：盟军选择同时从水上和空中发起攻击，开辟 5 处不同的滩头阵地，其中仅有一处遭到德军的强烈抵抗。德军被打得措手不及，给了盟军实施策略和完成任务的宝贵机会。

永远不满足现状，永远不停下脚步

工作期间，我不断过滤那些可能令我分神的事情，一切都以 Snowflake 公司的使命和愿景为重心：公司现在的做法有助于数据云运转得更快吗？倘若想尽早完成任务，我们还需要做些什么？公司的使命只要一天未达成，我就永远不会满足于现状。

我们会因为自己做的事情不够多而成天忧心忡忡、十分焦虑。如果我们在领先时拍手庆祝，相对就会轻松很多。但我们不会如此，我们会时刻警醒自己有任务在身，不能停下脚步，尽心竭力地把自己变得更优秀。现在市场竞争日益残酷，还未到可以放松的时刻，我们要随时严阵以待。

　　许多公司喜欢标榜自己是使命驱动型公司，因为这样显得它们很崇高，但这种说辞跟"绩效文化"和"以客户为中心"等其他管理中的那套陈词滥调一样，只不过是嘴上功夫。不要只听管理者们说了什么，还要看他们做了什么。"使命驱动"所要求的不应只是信念，还应是每天对时间、精力和资源的合理利用。日复一日朝着使命前进的过程，也正是在兑现自己许下的郑重承诺的过程，这肯定不会像每天签到来获取积分那样轻松简单。你需要利用每一次会议及与员工沟通的机会，做出适合自己和公司发展的最优选择。铁杵终会磨成针，你的辛苦付出也会得到回报。

　　2020 年，Snowflake 公司招聘了 800 名新伙伴，随后驶入发展快车道。这批新人身上多多少少会带有之前供职的公司的文化痕迹，这一点我们希望他们能做出改变。Snowflake 公司的理念与绝大多数公司不太一样，后者对自身使命的态度或许更加随意，但在 Snowflake 公司，这点不容置喙：我们希望每一位员工都能全身心地投入公司派发的任务中。Snowflake 公司毫无保留地信任每一位员工，所以任何时候，所有人都要齐心协力，一起完成公司的伟大使命。

第 2 章

面对焦灼的行业竞争，
不失胆量和决心

打响市场争夺之战

商场如战场，这句话一点也不夸张。一般情况下，你目前可能处于两种状态：第一，你已经率先在市场上占据一席之地，同时想方设法地阻止其他竞争者入侵；第二，你一无所有，只能侵入他人的领地并且取而代之。每种状态都意味着，你同时处在攻守两端。无论如何，与其他竞争者之间的激烈竞争在所难免。我同其他人一样，都赞成合作共赢，然而现实是，市场交易越来越趋于零和博弈，一方的收益必然意味着另一方的损失。

作为管理者，清楚地向员工表明这一点是你应尽的职责。在如今的文明社会，许多公司不愿意用战争来比喻彼此间的竞争关系。它们认为，生活已是如此糟糕，何不以文雅之道对待竞争关系？可现实情况哪里有说得这么轻松，你必须让员工明白，自家公司与那些气势汹汹的竞争对手为了在市场上分一杯羹，拼尽全力相互抗衡之时，就已经是在战斗了。轻则双方都打得鼻青脸肿，重则数月或数年过后，强者存活下来，而弱者退出这个行业舞台。

不是所有人天生就具备这种竞争意识的，特别是那些身处温室的员工，更不知危险将至。有些管理者选择不让员工知道行业现状，这样员工便不会担心丢掉工作，每个月都可以拿到稳定的收入，他们感受不到业内的竞争压力，更不知这些都是假象。相反，出色的管理者则认为，没有人可以一辈子高枕无忧。令你难以接受的现实，反而会对你有好处。你需要学会走出自己的舒适圈，习惯应对改变，因为这是唯一可行的方法。接下来，我还将以自己服务过的 3 家公司为例，简要地解释清楚我说出上面这番话的原因。

首先是 Data Domain 公司。Data Domain 公司要想与易安信公司竞争，必定十分困难，这几乎相当于与"免费"竞争。因为易安信公司除自己的主打产品以外，还免费提供其他配套产品和服务，但 Data Domain 公司仅有一种必须收费的产品。在专业领域，这种现象通常称为"捆绑销售"。大部分公司习惯性认为"天下没有免费的午餐"，从产品前期的设计、生产制作到后期维护和管理都要花钱。Data Domain 公司以前常常问那些潜在客户："如果免费的产品不能正常使用，这时它会产生多少实际成本？我再举一个例子，你可以免费领养一头大象，但之后你需要给它做日常的护理，如喂食、提供住宿、清理垃圾等，请问这样你还愿意领养它吗？"

其次来说 ServiceNow 公司。曾有一次，它的头号竞争对手美国 BMC 软件公司为了在同类产品的竞争中获胜，以侵犯知识产权为由故意起诉 ServiceNow 公司。因为 BMC 软件公司的产品竞争不过 ServiceNow 公司，就只能从其他地方下手，向 ServiceNow 公司索赔数亿美元。虽然明眼人都知道这起诉讼显然是场骗局，但事情的真相往往被掩盖，只因对方的律师打动了陪审团，让陪审团相信了 BMC 软件公司的那套说辞。人人都支持公平竞争，但总有一些不法之人会去钻法律的漏洞，将其视为牟利的工具。对这些不法之人而言，商业策略的合法性从不是他们考虑的重点，重点是他们有可能在哪些事上逃脱。

最后是 Snowflake 公司。一些公有云（public cloud）供应商为了规避之前的债务，会选择一次性买断技术债务，然后再为了软件和数据迁移提供一大笔补偿，其中就包括所有免费和捆绑销售的产品。这种行为与抵押贷款再融资别无二致，都是为了谋取更大的利益。云有云供应商不想围绕产品竞争，虽然这样竞争更加公平，但收益会充满不确定性。反之，它们计划通过进一步扩张，利用规模优势在竞争中打击对手。所以，Snowflake 公司作为一个小型公司，必须依靠自身在产品方面的优势，以及那些真正喜爱我们产品，并且愿意替我们做业内推广的公司赞助商来应对竞争。尽管许多大型公司出于公司政治——内部利益和关系纠纷，并不看好 Snowflake 公司，但因为它们基层的信息技术经理都站在我们这一边，所以最终还是支持了我们。公司政治很早之前就产生了，它源于以前的商业关系，也植根于如今所说的贸易平衡中。如果一家公司同时兼具供应商和大型客户两种身份，它们便会用公司政治来评判我们公司的发展前景。在争夺顾客的战争中，大型公司施展的手段频出、没什么是不做的。不过，这些公司的高管对某些事情也心有顾虑，比如向供应商施压，因为供应商可以转而选择其他公司，继续生产自己满意的产品。

Snowflake 公司目前就遇到了这样的公司，他们采取上面提到的竞争方法，买下了我们合同名目下的所有东西，为系统迁移提供资金，并且提供用于数据处理工作的所有捆绑产品和免费计算积分。如果你向客户多收钱，反垄断执法者会很不高兴，但他们对赠送东西却无所谓，即使赠送行为的目的是让你的竞争对手破产。Snowflake 公司竞争者的目的不仅是从我们手中抢走业务和客户，它们还想让我们在公众面前丢尽颜面。如果它们以这种方式抢走我们的重要客户，便可在整个行业吹捧一番。无论你愿不愿意接受，事实就摆在那里，这就是用于竞争的一种手段。

在公司召开销售会议时，我偶尔会提出一个明确的问题："成功的定义是什么？"孙子曾在《孙子兵法》中简单地回答了这个问题，即"不战而屈人之兵"。站在商业的角度来看，答案就是，从竞争对手那里挖走顶尖人才，让他们为自己的公司服务。从对面选择跳槽过来的员工越优秀，我们战胜对手的胜算就越会多几分。这对敌人而言无疑是一个双重打击：他们不仅失去了大批优秀人才，损失的战斗力还补充到我们这里。人才流失便是公司深陷危机及丧失斗志的最有力证明。

警惕渐进主义的干扰

人们处理事情时总是小心谨慎，一般不会随便做决定，先对事件的整体发展态势有一定的了解后，才会制定有可行性的处理策略，生怕行差踏错。在大部分人的观念里，稳健、逐步、分阶段地前进，比一步到位更安全。所谓的渐进主义是指，为了避免风险而在稳定发展的基础上小步伐扩张。但其实，公司哪怕仅仅只做出一些微小的改变，也会给自身带来风险。

这里有一点希望大家注意，公司向消费者营销自家产品

"有更新和优化"的行为，便是渐进主义的体现。这种行为就是在告诉顾客一件事：你们熟知且钟爱的这件产品越变越好了。换句话来讲就是，别担心，我们没有让你损失任何东西。比起接触充满未知的陌生事物，人们会不自觉地偏向自己熟悉的事物，因此对早餐麦片或牙膏等需要中长期时间来打造品牌的产品行业而言，建立家喻户晓的品牌是一个好策略；对航空航天等变化较为缓慢的产业而言，这种策略也没什么问题。因为这些领域做出重大变革往往要面对重重障碍，所以它们的产品和服务更新换代较为缓慢。

不过，在大多数行业，公司采取渐进主义的策略代表着它们缺乏胆量和决心。这样的公司可能不会失败，但成功也与它们无缘。老牌大型公司更愿意采用这种保守渐进的方法，毕竟有时候即便承担了风险也没有任何回报，却会因一个小小的失误蒙受巨大损失。因此，大多公司逐渐因故步自封而衰退，这也解释了为什么 50 年前跻身《财富》世界 500 强的公司，如今仍然存续的已寥寥无几。我们应当把公司看成一个生命，像生物界中的任何有机体一样，会经历新生、成长、竞争、重塑的生命过程。所以，在每个阶段公司也需要靠更新迭代来维持生存和发展，仅靠保持现状和继续吃老本是不够的。

与其在现有的基础上慢慢发展，倒不如先畅想一下公司未来应该是何种模样，然后回归现实，考虑实现最终目标你需要做些什么。你憧憬着美好的未来，向它靠近，内心自然会受到鼓舞，有动力带领整个公司上下朝着目标前进。千万不要先决定怎么做，然后再设想公司以后会发展成什么样子，这样就本末倒置了！

作为一个局内人，我目睹了渐进主义思维是如何慢慢消磨员工和公司的斗志的。在内部会议上，许多管理者会根据公司发展现状来制定未来规划："我们要在未来两年内让客户数量增加30%。"虽然这个目标听上去既不显得冒进，又让人赞叹，但是为什么不把目标定得更高一些，比如增加100%的客户数量，甚至是1 000%呢？你公司所处的这个领域，整个市场体量到底有多大？难道你只准备把自家产品的市场份额从1%提到1.3%吗？如果这是你目前的打算，那么若要达到5%或是10%的市场份额又该怎么做呢？

我常常和一些CEO探讨这个话题，询问他们一般会采取的公司发展模式：如果他们全力以赴，那公司的发展会有多快？在某个阶段是不是有一个先快后慢的过程？那个逐步慢下来的节点具体是什么时候？那些CEO很少有人想到要摆脱公司发展瓶颈。每一位董事会成员都很有可能询问上述这些问题，因为公司的发展前景是初创公司估值的重要参考因素。然而，大部分CEO对这方面不够重视，导致公司内部的渐进主义思维进一步加深。

　　尽管我所服务过的 3 家公司都曾有过一段飞速发展的时光，不过事后看来，我深知自己那时没有全力以赴地来实现这 3 家公司的伟大使命。我从未为这 3 家公司制订难以实现的计划，我也确实做得不够多。大多数管理者，包括我自己都不大愿意去冒险，于是转而选择一些看似保险又容易实现的目标。每每遇到这种情况，我都会不由自主地想起美国总统西奥多·罗斯福的那篇著名演讲《竞技场上的人》：

　　　荣誉属于那些真正在竞技场上拼搏的人，属于脸上沾满灰尘、汗水和鲜血的人，属于顽强奋斗的人，属于屡败屡战但仍拥有巨大热情和奉献精神的人。没有任何努力是错误的。荣誉属于投身于有价值的事业的人，属于敢于追求伟大梦想，最终取得伟大成就或虽败犹荣的人。因此，他的位置，将永远不会和那些本性冷漠、胆小而不知胜败的人在一起。

　　为什么 eBay 没有发展为亚马逊？为什么 IBM 不能成为微软？为什么所有的出租车公司没有先一步开发出优步同款打车应用软件？为什么希尔顿酒店或万豪国际集团没有在爱彼迎之前开发出民宿短租预订平台？为什么甲骨文公司没有在 Snowflake 公司之前研发出更好的数据库？为什么 BMC 软件公司没有快 ServiceNow 公司一步构思出 SaaS 模式的应用？为什么那些磁带自动化公司没有成为 Data Domain 公司？为什么福特没

有比特斯拉更早产出新能源汽车？所有这些问题的答案，以及诸多类似问题的答案统统都可以归结于渐进主义。

作为一个有上进心的管理者，你要督促员工持续壮大公司，突破自我，释放潜能。可能你会问，如果失败了怎么办？至少你曾为之奋斗！千万不要为了维持体面而甘于平庸、贪图安稳，要不断挖掘，激发出自己体内的每一份潜能。如果你想成就一番伟业，便要割舍过去，想象一个与众不同的未来。这恰恰也解释了为什么创新总是在不经意间被最不起眼的人提出，因为他们不受固有思维的束缚，没有什么可以失去，所以无后顾之忧。

瞄准对手弱点，攻占市场

Data Domain、ServiceNow 和 Snowflake 公司为了赢得市场竞争的胜利，都已与过去的大相径庭。Data Domain 公司选择磁盘备份作为这场战争的切入点，打赢了那些应用所谓"虚拟磁带库"设备的公司——其实它们的产品还称不上磁带库，只是排列在磁盘上的虚拟磁带图像。即使目前的技术已从实体磁带过渡到虚拟磁盘，人们依然会保有使用磁带的习惯。未来很长一段时间内，客户依旧会将数据收录在实体磁盘中存起来。根深蒂固的习惯很难改变，而且老牌公司为了在激烈的市场竞争中生存，往往会与潮流相抗。但 Data Domain 公司用网络复制技术取代了这一切，并最终让网络复制技术成为潮流。由此可以看出，公司需要拥有远大的愿景及使命，而非渐进式的目标。

在 ServiceNow 公司主攻的市场里，各种老牌公司思想观念僵化，无法把握市场趋势。它们与市场需求脱节，所以产品也过时俗套，毫无新意。这个市场急需深入、专业且稀缺的知识来推动技术更新，但若要真正实现这一目标，公司就必须直面高难度、高成本、高风险的"三高"难题。然而，Service-Now 公司克服重重障碍，对自身的平台系统进行了根本性改革。凭借这一点，其产品和服务受到了世界各地 IT 人员的强烈追捧。公司派出技术能力成熟的 IT 人员实施全过程动态管理、维护和变更系统，通常一天数次，而不再是漫长的 18 个月一次。最终，公司的系统因为具备动态化特点且配置高端而深受客户欢迎，不久便被引入其他服务行业，同样获得了其他服务行业人士的认可。

Snowflake 公司一开始就十分大胆，决定另起炉灶，重新构建云计算的数据管理功能。Snowflake 公司的诸位创始人虽然对传统的数据库技术念念不忘，但还是决定重新考量一切有可能做到的事情。他们不满足于最新的技术，下决心把过去那些长期存在的问题都抛在脑后，重新开始。那时，诸如美国软件公司天睿公司（Teradata）、美国科技公司 Netezza、甲骨文公司和微软等老牌公司都逐渐降低了对研究可支撑数据密集型、大规模工作负荷的重视程度。相比较之下，虽然 Snow-flake 公司提供给客户的公有云服务不是什么新鲜事物，但却实现了高性能云计算并使其得到了大规模的推广。

无论是拥有最大数据生成器的用户还是只有最小或最不成熟的数据生成器的用户，一旦应用了 Snowflake 公司的公有云服务，其在速度上往往会比使用竞争对手的产品快上多个数量级，带来的结果令人心动不已。除此之外，创始人还专门搭建了配套系统，方便客户更好地进行自我管理和自我供应，大大降低了客户所要支付的维护成本。所以，那些仍对公有云服务维持传统架构的老牌公司在激烈的市场竞争中，敌不过像 Snowflake 公司这样在同一领域因为管理者采取了不同的思维模式、创造出新成果的新兴公司。

假如老牌公司没有面临着极具创新性的新对手，那么他们采取渐进式发展的思路也能做得很好。但在自由市场下，总有人会想着去引发一场重大变革。因此，与其奢求变革不会来临，倒不如自己早做一番打算。

从上述这些案例中，我们还能学到一个教训：与处于弱势、过气地位的老牌公司抢占市场，无疑比赶超如日中天的新兴公司要容易得多。顾客不会轻易放弃用惯的产品，他们已有的产品足够满足自己的需求。因此，要想在竞争中脱颖而出，公司提供的产品必须跟同类商品有着明显差异，顾客不会为没有差异化的新产品买单。曾经有一段时间，老牌公司无视市场变化，只一味地瞧不起 ServiceNow 这样的公司，甚至当众对 ServiceNow 这样的公司的管理者冷嘲热讽。人们更愿意听让自己有安全感的故事，哪怕那些故事根本不切实际。管理者最重要的修养就是诚实地面对真相，然而理智诚实往往是处在商业圈的人们所欠缺的品质。

率领员工奔赴战场

管理者必须把握和管理公司员工的思想心态，确保与员工沟通顺畅、感同身受，并且有着相同的追求。对于大型公司而言，机构越庞大、人数越多，就越难做到齐心协力、目标一致。总有一大批员工不理解公司当前的难处，但这并不是他们的问题；相反，这是因为高管没有规划好蓝图，使大部分员工偏离了主线任务。

甚至有许多初创公司在成长过程中也不免会遇到此类难题。一支小而精的团队在刚刚成立时就开始纳新，左招一人、右招一人，结果就是这支团队有差不多将近半数的成员不清楚他们最初为什么要参与到这样的市场中竞争。不久，公司内部就会发生调整，工作岗位重新洗牌，即业内人士常说的"不同的树，同一批猴子"。根据计划好的发展速度，员工们对一两年后的前景不再抱有期待，只是循规蹈矩地做事，安于现状。除非管理者站出来带员工跳出这种贪图安逸的模式，否则公司会面临巨大的风险。

管理者应当对自家公司现有的人力、物力、财力等资源状况和实际需求进行理性评估。在选择用最轻松的方式管理公司之前，比如设立没有行动计划的目标、采取渐进式战略去管理公司，不妨先从员工那里了解一下他们的具体情况，这往往能提高公司的工作效率和经济效益。管理者肩负的重大责任，就是防止公司沿着渐进主义的方向越走越远。

第 3 章

打开客户市场，
依靠极致的执行力

伟大的执行比战略更重要

关于商业战略的文章和书有很多，但关于公司战略执行方面的却相对较少。这让我觉得很不可思议，因为在实践中我们很难将战略与执行分开。当公司陷入困境时，如何得知问题是由错误的战略，还是由不足的执行力造成的？如果你不懂得如何执行，即便是采取最有前景的战略也无法制胜。正如我的一位前东家所说："能被很好地执行的战略就是最好的战略。"

尽管如此，大多数人还是更喜欢讨论战略，而不是执行。也许这是因为他们认为前者是一个更高水平、更考验智慧的话题，而后者则无聊平庸。在他们眼里，执行不过就是动手做事、努力工作，以争取把行动项目从待办事项清单上划掉。这种观念在硅谷尤其盛行，战略叙述被广泛讨论、重复提起，被人们视为珍宝。

但实际上，只有知道如何做好执行工作，才能真正掌握战略。这就是为什么执行必须是管理者的首要任务。在团队掌握执行力之前，管理者对于公司战略的担心毫无意义。执行本身就是一项挑战，而出色的执行更是难得。因此，这也是顶级执行力能够成为公司新的竞争优势的原因。

在技术和其他领域，我们拥有大量的资金和有趣的想法，需要那些善于运用这些想法的人来将其实现。多年来，我参与了许多不同公司的高管招聘，这些公司在高素质执行人才上的缺口大到令人吃惊。硅谷有很多优秀的工程人才，他们清楚如何利用小团队推出新产品。但扩大公司规模、运行一个纪律严明的成熟组织，是另外一回事。

缺乏执行人才的部分原因在于，市面上关于如何成为创业者的书籍、视频和课程层出不穷，但关于执行的却寥寥无几。就算大多数创业者对这门学科感兴趣，他们能去哪里学习？因此，在组织的发展过程中，我们经常会遇到功能失灵问题。我有时把执行力的问题比作 5 岁孩子踢足球：一群"乌合之众"成群结队地跟着球穿过球场，但没有人站在能真正发挥作用的位置上。

在实践中掌握强大的执行力

将执行与销售进行比较是有益的。任何公司想要成功, 就需要具备这两种必不可少的职能。但通常情况下, 公司只将其中一种的过程系统化, 以培训新员工所需的基本技能。

在过去, 有抱负的销售人员普遍会在一家大型公司寻找第一份工作。这种大型公司会为新员工开办一个经过精心设计的销售学会, 而这个销售学会一般长达数周甚至数月。IBM 和施乐等公司因为提供此类免费培训, 一度是销售人员开启一段销售生涯的好去处。

在 Snowflake 公司, 我们为销售人员提供清晰的职业规划和专业发展。我们安排应届大学毕业生跟进公司内部的事务, 他们的目标是筛选潜在客户, 并为公司更资深的销售人员安排会议。他们需要长时间接打电话, 与陌生人交谈, 以及安排会议。这无疑是一项艰巨的工作, 但也为他们的销售技能奠定了坚实的基础。之后, 业务开发代表得到提拔, 开始向小型公司和机构销售产品。而才华横溢的销售代表则会发展成为成熟的公司销售人员。这些都是精英级别的销售人员, 他们如果表现得好, 会获得更加丰厚的薪水。最后, 我们的专业团队会派出客户经理, 让其负责管理公司最重要的 200 个客户。

在这样的培养方案下，人们在不熟悉的工作岗位开始一段旅程，而后逐渐成为他们所在领域的精英人士。逐步晋升、不断进步的发展路径吸引了出类拔萃、天资聪颖和雄心勃勃的人。你的入门级工作不仅仅是一份工作，也是职业生涯的第一步。

但是，年轻人缺乏系统的方法来为一般管理角色做好准备，即掌握执行力。如今，许许多多的人渴望成为初创公司的创始人，或者公司的 CEO，但他们并不急于参加培训，而是想先体验岗位，尽早弄清楚所有工作内容。他们希望，在真正明白自己在做什么之前不会造成什么不良的后果。

新入职的员工可以看到，他们的前辈越来越早地晋升至比较高级的职位。如今，30 岁左右的 CEO 并不罕见。我曾以顾问的身份与许多后起之秀合作。他们聪明勤勉、雄心勃勃、奋发向上，但大多没有机会了解到底什么是出色的执行力，也没有机会犯有教育意义的错误。我最喜欢的观点之一是"良好的判断力来源于经验，而经验则往往来自错误的判断"。一些人可能高估了经验的地位，但有些经验的确是不可替代的。

新的管理者必须从他们的管理事务中学到东西。如若我们提拔经验不足的管理者担任高级职务，他们可能会误导资历尚浅的下属。错误的指令层层传达，麻烦便会接踵而至。因此，任用缺乏相应经验的管理人员，会使公司无法正常发展和扩张。

在 Data Domain 公司，我们构建并销售了一款应用程序，这是一个完全集成的硬件和软件解决方案。但我们都是软件工程师，对硬件方面的了解有限。多年来，我们一直努力尝试各种方式。最终，我们在合同制造业务中找到了正确的方向，摆脱了一系列无休止的可靠性方面的问题。

我加入 ServiceNow 公司时发现，公司在管理执行方面相当不成熟。在我看来，解决这个问题的唯一方法是实施自上而下，而非自下而上的改革。另外，因为在构建和管理云基础设施方面缺乏管理熟练度，我们还遇到了严重的服务可靠性问题，这类问题也必须自上而下地解决。在我们的共同努力下，这些问题都迎刃而解了。

Snowflake 公司的创始团队拥有强大的创新能力，但没有形成规模，也还不够成熟。为了解决这个问题，我们在新的管理层中聘用具有这种技能和经验的人才。任何公司都需要创新和纪律，否则就会走向灭亡。但业内普遍错误地依赖创新者来制定纪律规范。要知道，很少有人既能推动创新，又能严明纪律。

谨慎地对待每一项战略

尽管我在前文说战略的作用被过度夸大了，但它的重要性还是毋庸置疑的。你需要弄清楚所有候选战略方案的内容，并做出艰难的决定：为什么有些方案比其他方案更有意义。单单这项任务就值得你花费大量的时间和精力，因为它扩大了领导团队的讨论范畴。

战略发展的问题在于它通常是反射性的，是基于过去的经验，通过与其他公司进行模式匹配而来的。没有经过广泛的推理、探索和讨论就得出结论，可能会造成毁灭性的后果。保持理性诚实是一件非常重要但又极其困难的事。你能看清事物的本来面目，并充分理解当前发生的事情吗？人生来都有一种强烈的倾向，即说服自己情况都在合理范围之内，没有必要进行重大改变。但现实会让我们紧张不适、慌乱不已。为了应对压力，我们会更倾向于接受一种不那么严苛的说法。这就是产生群体思维和确认偏差的常见原因，但这些会严重威胁到公司的发展和未来。而领导层的作用就是保持几近残酷的诚实文化。

我在面对规模较大的竞争对手公司时也多次看到过这种现象：他们通常无法准确评估我们对他们构成的威胁，等他们终于开始行动起来与我们竞争时，已为时过晚。例如，为了击败 Data Domain 公司，易安信公司不断收购其他公司并转售竞争对手的产品，以对抗 Data Domain 公司的地位。最终，易安信公司不得不做出选择：主动收购 Data Domain 公司，否则 Data Domain 公司将会落入比它强大得多的实体公司手中。为了应对 Data Domain 公司的威胁，易安信公司最终花费了数十亿美元，这是它迟迟没有充分认识到这些威胁的代价。但好消息是，对易安信公司来说，解决问题的时机还不算太晚，只不过付出了一笔不小的费用。

在 ServiceNow 公司，我们最大的竞争对手之一是 BMC 软件公司。BMC 软件公司的 CEO 曾表示，他们可以"随便抓几个 Java 程序员，在周六下午就能做出 ServiceNow 公司在做的事情"。这种对 ServiceNow 公司轻视和否认的态度，最后导致了灾难性的后果。

与一个强大的对手竞争本身就是一件困难的事，但如果你都不能意识到最大的威胁所在，那竞争便无从谈起了。后来，ServiceNow 公司成为美国第二家收入超过 10 亿美元的 SaaS 公司，而 BMC 软件公司则被一家私募股权公司收购。

同样，很长一段时间以来，Snowflake 公司的竞争对手们一直把 Snowflake 公司当成是一个无害而精明的"小暴发户"，而并非一个巨大的威胁。最终，Snowflake 公司成为整个行业的引领者。而一些世界知名的大公司很晚才认识到 Snowflake

公司的实力，开始努力复制我们的产品，以追赶行业发展的
脚步。

你需要谨慎对待每一种战略，并注意避免自身思维或情感
对战略产生影响。即便如此，你也可能全盘皆输，面临放弃的
局面。正如太阳微系统公司（Sun Microsystems）创始人斯科
特·麦克尼里（Scott McNealy）所说："失败来得越早越好。"
我们有时会用"那是条根本不会打猎的狗"描述一种无论我们
做什么都行不通的战略方法。如果你毫无理由地盲目依赖某种
战略，可能会一事无成。

在硅谷，初创公司总是努力地充分利用其收入机会，增强
发展势头，但结果通常不如人意，常有销售副总裁因表现不佳
而被调换。初创公司的合作伙伴很少考虑的是，问题可能出在
产品上，而不是销售人员的执行力上。

那么，如何判断你身处困境的原因呢？是由于策略存在问
题，还是执行力不足？你又该如何得知你的情绪冲动是否会让
你误入歧途？根据我的经验，大多数反映在销售缺口上的问题
要么是产品不足，要么是产品与目标市场脱节。换句话说，你
的目标消费者与产品没有产生共鸣。一款强劲的产品就算没有
优秀的销售团队，也能迅速传播开来，找到属于自己的市场。
不过，即使是一个十分优秀的销售团队，也无法修复或弥补产

品方面的不足。

销售人员能做什么和不能做什么是有一定范围的。同样地，如果你公司的产品需要其他部门具备超强的执行力，那你就会陷入孤掌难鸣的处境，因为这种人才供不应求。

没有强有力的执行力，战略是否成功就无从得知。你可以首先排除执行力这一潜在因素，继续评估战略。出色的执行力不能挽救失败的战略，但执行力会帮助你更快地决定改变战略的时机。

让冲在前线的人成为战略的制定者

许多高管，尤其是大公司的高管，会因战略的安全性问题聘请顾问来了解和推动这方面的业务。麦肯锡咨询公司和贝恩公司（Bain）等公司因此走上了致富之路。你可以雇用他们来为你整理数据、制作美观的演示文稿、得出详细的分析，然后用更有说服力的方式表达出你的策略。此外，如果你提出的是一个由大型咨询公司制定的战略，就有机会增强你在董事会会议上的权威性。这些顾问都是专家学者，受过精英教育，所以我们当然可以信任他们，对吗？

为了抵制这种诱惑，你应该记住一个笑话："所谓顾问，就是你问他现在几点钟，而他借用你的手表告诉你现在的时间。"从长远来看，你最好自己制定战略，而不要去关注那些花哨的词句和美观的演示文稿。你需要对自己的而不是别人的权威抱有信心。一般而言，伟大的经营者都亲自制定、依靠并真正持有他们自己的战略。

类似地，在许多大公司，不乏副总裁专职担任战略家这一职位。这些战略家基本上是内部顾问，不负责运营方面的事务。相比于将战略外包给收费高昂的顾问，这种职务上的转换会更加便宜。但从根本上来看，这两种方式有着相同的缺点，即战略与执行相分离。打个比方，制作地图的人显然与开车的人有很大不同，这造成了激励错位。经营者通常不喜欢被简单地告知策略的内容。

当然，除了聘请外部顾问和战略家，还有第三种选择，也是我一直所坚持的做法：负责每个业务部门的运营者必须是该业务方面的战略家，而 CEO 也必须兼任首席战略官。我更信任懂战略的高管，而不是所谓的战略家，因为高管们都是从动态的现实生活中获取信息。他们是最前线的人，所以他们必须对自己的选择负责，对其产生的结果负责。

相比之下，纯粹的战略家（无论外包还是内部人士）只会指责执行者，因为前者绝不会承认自己的战略出了问题。如果你不能信任你的一位高管在他或她的职责范围内制定的战略，那么世界上所有的顾问都无法解决这个问题。

随着执行力的提高，你将成为一名更好的战略家。到那时，你解决问题时也不会那么困惑，寻找问题的根源时也会更精准。拥有了更清晰的思路后，你就能够做出更准确的决定，而不是凭借直觉或经验进行一次又一次的胡乱猜测。

最重要的一点是，强大的执行力可以让差强人意的战略发挥巨大作用。但若是执行力不足，即便拥有最优秀的战略，最后也会以失败告终。这就是为什么在一个不断壮大的公司里，执行力是王道。

来自顶尖企业家的
提效锦囊

1. 培养员工使命感涉及四大关键点：聚焦注意力、制造紧迫感、提升执行力和制定合理的策略。

2. 领导者肩负的重大责任，就是要阻止公司沿着渐进主义的方向渐行渐远。

3. 强大的执行力可以让差强人意的战略发挥巨大作用。但若是执行力不足，即便拥有最优秀的战略，最后也会以失败告终。

AMP IT UP

第二部分

关键二，协调团队，锻造打胜仗的战斗力

LEADING FOR HYPERGROWTH BY RAISING EXPECTATIONS, INCREASING URGENCY, AND ELEVATING INTENSITY

A strong culture
can become a force
multiplier and an
enduring source
of competitive
advantage.

强大的企业文化是一种
"力量倍增器"，能够成为
公司竞争优势的源动力。

第 4 章

打造核心团队，
解雇和招聘同样关键

　　我还在 Data Domain 公司工作时，公司制定了一个人员招聘目标：只欢迎愿意当"司机"的人，而非想做"乘客"的人。这个口号的提法来自大众汽车当时的一个广告："生活的路上有'乘客'也有'司机'，大众欢迎每一个想当'司机'的人。"

　　"乘客"不介意被公司的发展势头左右，他们很少或从不提出意见，也不太在乎管理层选择的方向。他们通常亲切随和，与每个人都相处融洽，会及时参加各项会议，不给公司带来麻烦。他们很容易被组织机构接受，而且一待就是很多年。

　　问题是，虽然"乘客"通常可以很好地判断和表达问题，但他们不愿意为了解决问题而有所付出。他们不想承担责任，所以他们会避免采取强硬立场，以免出错。他们往往根据事态的发展情况决定自己的立场，根本没有自己的主张。特别是在规模很大的组织中，他们往往会把自己隐藏起来，从来不显山不露水。

由于人数多，"乘客"的影响力比较大，可能会对公司的文化和表现构成潜在威胁。他们可能在潜移默化中破坏公司的形象，侵蚀公司发展过程中所需要的本能和精神。

与之相对，"司机"的满足感来自在工作中的努力和实干，他们不会得过且过地对待工作。他们对自己负责的项目和团队有强烈的主人翁意识，对自己和他人都有很高的要求。他们时间观念很强，总是活力四射、雄心勃勃。他们胆量过人，面对挑战时通常会说"为什么不这样"，而不是"那是不可能的"。

从这些品质来看，"司机"是非常宝贵的人才资源。因此，你的首要任务应该是发现、招聘、奖励和留住他们。还有，不管是在私底下，还是在公开的场合，你都应该给予他们肯定，尽力去赞扬、提拔他们，让他们成为其他员工学习的榜样，激励那些随波逐流的人。你应该明确并坚定自己的立场，表扬勇于承担责任的员工，为他们青睐的战略辩护，并创造公司的新面貌。

　　"司机"和"乘客"之间的区别可能很难甄别，这是因为，很少有人是百分之百的"乘客"或"司机"。我们中的大多数人都同时具有这两类人的部分特点。

　　每次在全体会议上提出"司机"与"乘客"这一对概念时，我都能看出，很多人有点不自在，也许他们从未以客观和诚实的角度认真考虑过这个问题。在一次会议上，一位工程师在问答环节举起了手，一脸茫然地问："是'司机'还是'乘客'，我自己怎么分辨？"我不屑于详细回答这个问题，只是告诉他最好在公司做出甄别之前自己先搞清楚。这虽是一件可笑的事情，但也透露出来一个信息——如果我们能更加严格地要求自己，就不会不知道这个问题的答案了。也就是说，如果一个人无法以一种绝对积极的态度回答上述问题，那他只想做"乘客"的特性就十分明显了。

　　这种自我审问也会产生其他积极影响。员工能够更加清晰地认识自己，强烈地感受到自己对于公司的重要性。他们会明白，自己以不同的方式为公司做出了贡献，他们的缺席将会对公司造成严重后果。如果他们能诚实地认识到这些，就会对自身价值感到更加安心和自信。认识到这点，不管他们今后在哪家看重"司机"的公司工作，都能得到职业上的发展。

　　人们意识到自己更偏向于"乘客"的特点后，基本上有两种选择。第一种，在不改变行为模式的情况下继续工作。如果他们在一家大公司工作的话，这是可能的，因为大公司在最终倒闭前会经历几十年的衰退期。但当这样的公司陷入困境时，会进行我们熟悉的大规模裁员，"乘客"便是首当其冲的一群人。一般在裁员结束之后，公司会重新振作起来，因为没有了"乘客"的"拖累"。

对于"乘客"来说，第二种是更好的选择，也就是通过模仿"司机"改变自己的工作方式。从长远来看，这是保障工作发展的唯一途径。

迅速让错误的人出局

我的核心团队加入 ServiceNow 公司时，我们就知道人员问题迟早会出现。这一点在我们 8 年后加入 Snowflake 公司后也未曾改变，否则这两家公司的董事会就不会聘请新的 CEO。在这种情况下，从公司的所有层面上来说，首要的任务都是将可用之人与无用之人（包括但不限于"乘客"类型的员工）区分开。然后，他们就必须像吉姆·柯林斯（Jim Collins）在《从优秀到卓越》（*Good to Great*）中描述的那样，让错误的人从车上下去，把合适的人安排在正确的位置上。

空降至任何新的公司或业务部门都不是一件易事。每个老员工都紧绷神经，等着看你要做些什么，但你不能受到他们焦虑情绪的影响，以免阻碍你即时评价员工的进度。不要想着日久见人心，你需要抵制观望模式的诱惑，主动出击，而不是坐以待毙。你必须习惯利用有限的信息来评估人和相关情况，因为这是你所能得到的一切。例如，在 Snowflake 公司，我们仅用几个月的时间，就将所有的员工变动计划执行完毕。也许我不清楚有关这个人的所有细节，但是我能看出哪些部门的表现落后于预期。

如果不迅速行动，让错误的人下车，你就没有机会改变公司的整体发展轨迹。我们时常天真地以为，我们可以带领奋力拼搏的队友走向更好的地方。有时的确能够做到这一点，但能做到的情况比我们想象的要少。在一家深陷泥潭的公司里，如果你想快速改变现状，就只能淘汰那些工作技能落后的人，那些不符合工作要求的人。

快速行动的另一个好处是，能让留在公司的每个员工都知道你对于高标准的严肃态度。这些标准将极大地激励优秀人才。就算有人无视这些标准，转而寻找薪资更加丰厚、工作要求更少的公司，那也没关系。我知道这种理念可能会让人觉得很苛刻，但你如果没有做好身为管理者应做的工作，公司处境会更难。你如果无法挖掘公司的骨干来实行必要的改革，就等于剥夺了其他人充分发挥其潜力的机会。

缺乏行动力的管理者很快就会发现，自己的领导力受到了员工的质疑。因为每个员工都在观望你做了什么，以及没做什么。

刚开始管理员工时，我认为撤除员工的职位是下下策，不到必要的情况，通常不会采取这样的方式。这就是某个时代所特有的刻板的、家长式的公司文化，当时管理者的普遍假设是：任何员工都具有良好的表现。如果员工经过培训后仍能力不足，他们的上司往往会比员工自己受到更多的指责。这就会形成负面影响，公司倾向于把员工调到其他部门，或者要求员工进行长期的绩效改进计划，而这类计划其实只是在拖延时间。在许多公司，解雇员工并不是一件常事。

在欧洲尤其如此。对欧洲地区的公司来说，解雇员工的成本更高，因为公司承担着更多的失业保险成本。这些高昂成本给管理者带来极大的压力，使他们只能保持现状。但即使是在欧洲，相比于解雇一个差劲的员工，不采取行动并继续留用碌碌无为的员工的成本也要高得多。

年轻的时候，我面对这些情况时总是会瞻前顾后。随着时间的推移，我意识到，自己做出决断的速度太慢了，许多同事也是如此。然后我开始加快步伐，替换掉那些不适合岗位要求的员工。有些被换掉的员工并不至于那么糟糕，只不过他们相比于我们可以聘用到的那种员工还是差了一点。这是一种由一流招聘专家布拉德福·D.斯马特（Bradford D.Smart）制定的战略，这种能够系统地提升每个关键部分的人才的过程，被人们称为"顶级评级法"（topgrading）。我甚至告诉公司的董事会，如果他们能找到比我更好的 CEO，也可以把我换掉。一是一，二是二，我不能容忍自己的表现比其他人差。

对强大的候选人提前看准、长期追踪

当然，让错误的人下车只解决一半的挑战。另一半的挑战是为每个岗位挑选合适的人，这件事要困难得多，而且不是一个可以一蹴而就的过程。如若处理不当，在时间、金钱和声誉方面造成的损失是巨大的。

管理者应具备完善的人际网络、招聘能力，以及识别人才的敏锐眼光。就塑造优秀人才的方式而言，我想谈谈我的看法。

保持积极的招聘姿态并非易事。我们通常招聘员工填补职位空缺后，就在任务清单上打钩，然后将重心转移到其他重要事项上。但是，总有一些员工因工作出现问题，被调岗或裁员，然后我们就得重新开始一轮招聘。这往往是我们容忍员工表现平庸的一个原因——重新开始招聘太难了。

　　我经常会问自己，在旅行和会见重要人物时，我们该怎么做才能避免错失特别合适的人才？通常，人们听到这个问题会感到很惊讶，有的人会说他们会打电话给人力资源部索要简历。但我们希望的是能为每个关键职位准备一个候选人的优先顺序表，根据公司需要与候选人接触。我们要知道哪些人属于公司需求的领域，他们对公司的评价如何，并密切关注他们目前的状况。当然，计划永远赶不上变化。因此，我们需要长时间跟踪候选人的情况，与他们保持联系，并建立某种持续性的关系，直到他们积极地投入工作中。

　　有时，遇到一个实力强大的候选人出现"松动"的情况，即他会在适当的情况下另寻高就时，我们会不顾眼前的需求缺口而马上雇用他。你不能等到有迫切需要时再去招聘，这是一种被动的招聘姿态。如果只是等待着公司给出新的人才需求，那你将只能考虑那时的候选人名单，而这种情况下的人才质量通常不会特别高。因此，你需要为你所负责的每一个关键岗位创建一个经过审查、优先排序的待选人列表。请将这以下内容作为定期检查的主题：实时更新审查候选人名单及其最新状态，并将此作为关于目前担任这些岗位的人员的业绩和表现的讨论的一部分。

　　不要依赖招聘人员和招聘网站等招聘途径。你看到的那些积极的求职者，有可能不是你真正想要的候选人。在发展迅速的公司中，岗位职责很容易就会超出当前员工的工作能力，因为公司不断扩大，对员工的工作要求也在不断增加。所以，管理者必须在公司产生需求之前就安排好工作人员。招聘应该是一件长期的事情。

我们需要以小组的形式在关键人员中进行可以称之为"主动校准"的会议。在这些会议中，执行官和管理者应对其直接下属进行评估，并从其指挥链之外的同级同事那里寻求反馈。这样是为了识别管理者对相关人员的评估是否被更大范围地认可、质疑，或完全否定。这些会议能够确定管理层在处理人员问题上是否具有一致性，同时也可以作为催化剂来解决正在萌芽或存在已久的绩效差距。基本上，这些会议可以明确并迅速地消除人才缺口。

归根结底，管理者一般与他们周围的人一样优秀。一旦你在招聘和解雇两方面都做得很好，就能取得工作上的好成绩，事业也会蒸蒸日上。

第 5 章

全副武装，打造强势公司文化

"文化"一词内涵丰富、意蕴深广。在公司中，"文化"意味着什么？从商业目的来看，文化广义上指在一个社区中人们长期坚持的生活方式，包括各方面的行为、信念、规范和价值观。不仅如此，文化还描述了在日常生活中，人们如何作为一个群体走到一起的。你目前所在公司的公司文化是否对员工有充分的尊重？是否对员工有高要求？是否可以帮助团队顺畅协作？是否富有吸引力、建设性、创造性或紧迫感？是否有作风拖延、派系之别、经常开除员工、倾向于尽可能规避所有风险或具有对抗性的场景？上面提及的特性，你都能在工作场所找到它们，公司文化的特性甚至还远远不止这些。

公司文化远比你想象的重要，它是公司发展的必经之路。强大的公司文化可以成为公司竞争优势的源动力，极大地帮助公司发展，而脆弱的公司文化则很容易从内部摧毁一个公司。

这里还有一个重要问题需要注意：公司文化的目标是什么？撇开那些空泛的陈词滥调和高尚的原则不谈，公司文化的服务对象应是公司使命。这听起来似乎是一件显而易见的事情，其实不然。大多数公司为了争取员工调查报告中的好口碑，它们的公司文化的目标便是为员工营造一个良好的工作氛围，保障他们的人身安全，带给他们安全感。管理层致力于在众人面前树立高尚的形象，为自己的名誉添光加彩。管理者向员工们表达善意没有错，但更重要的是让公司文化与公司使命保持一致性。

普通员工难以在高成长公司长久地生存下去，因为在那里绩效管理的作用得到充分发挥，所以他们不能有一丝一毫的松懈，否则随之而来的工作压力可能会无情地压垮他们。我就曾看到有一些员工因为受不了高强度的工作，在短时间内选择离职。所以说，公司文化本身并不该是为了让员工感到幸福，而应是为了明确符合公司使命的价值观和员工应采取的行为准则。一个强大且具有高度激励性、与使命一致的公司文化，不太可能让所有人都满意。

公司文化所要做的就是充分调动员工们的积极性，促成一股强大的凝聚力。公司的发展不仅需要一批最优秀的顶尖人才全心全意地践行公司的使命，还需要靠公司文化把这批人吸引进来。公司文化会将招聘进来的员工分类，筛掉那些不适合的人。如果有员工因为适应不了这种公司文化而选择离开也没关系，公司文化不是非要适合所有人。

无论你接不接受，不管你是否留意或试图去影响它，你所处的公司必定已经具备某种公司文化。新入职的员工往往自带少量的文化倾向，而且在融入公司的过程中会潜移默化地影响现公司的公司文化。管理者必须把握好公司文化这一管理抓手，充分发挥它的作用。公司文化可以成为一种"力量倍增器"，不管是好的还是坏的方面。

如果管理者不愿意耗费心思打造出一种协调统一、有凝聚力的公司文化，那么来自不同部门职能和地域的价值体系便会交织在一起。于是，公司内占主导地位的强势文化将支配弱势文化。在这种欠缺公司文化的模式下，许多部门每天都在内斗，而不是想着怎么与其他公司竞争。

文化会随着时间的推移慢慢扎根，所以培养优秀的公司文化一定要趁早。管理者越早开始调整公司文化，就越容易改变它。而那些已经存在了几十年的大公司，要想扭转它们的公司文化，简直是天方夜谭。虽然日后会有新的管理者加入进来，但他们往往竭尽全力也难以改变根深蒂固的公司文化，因为人们对原有的模式早就习以为常。

反过来说，公司文化又能成为公司业绩和差异化的强劲推力。大多数成功的公司认为，公司文化是它们取得成功的关键要素，这一点十分正确。公司文化是竞争对手无法复制的优势，并且能创造出差异性。你的竞争对手可以比你先一步拿到融资、挖走你的人才，甚至窃取你的创意，但他们永远无法复制你的公司文化。

公司要想建立起一种始终如一、能够持续发挥影响力的公司文化，光靠高尚的原则和价值观是不够的。大多数管理者有一种普遍的误解，他们认为打造公司文化轻而易举，只需要先在公司内部设立一个公司文化委员会，讨论出一套价值观，再印制一些海报，然后在各个办公室张贴，就大功告成了。管理者安排完这一切之后，逢人便说："瞧，这就是我们的公司文化。"然而，他们忽略了一个很重要的问题——员工根本不会从海报上学到公司文化。就像孩子和宠物一样，他们一般从失败中吸取教训，反思自己的不足之处。

管理者如果想让员工形成统一的价值观和一致的工作态度，并且一以贯之，就需要随时关注所塑造的公司文化对他们产生的影响。

如果你打造的公司文化适合自己的公司，那么员工一定能感受到公司文化的氛围，并自然融入。作为回馈，他们也会提出其中偏离正轨的地方。一旦出现这种情况，就表明你打造的公司文化对公司发展起着正向激励作用。

Data Domain 公司的价值观 "秘方"

2003 年加入 Data Domain 公司时，我发现它有一个很大的优势——全公司上下只有 20 多名员工。作为管理者，我其实更愿意为小型公司打造公司文化，毕竟公司大规模扩招后会带来一系列不同的价值观和行为规范，因此为小型公司打造公司文化要相对轻松很多。初创的公司通常规模较小，里面的一切都处于起步阶段，所以更能取得明显进展。甚至可以说，Data Domain 公司在某些方面好比一张白纸，我能按照自己的想法涂抹修改。

那时，Data Domain 公司的公司文化涵盖内容不多，这说明员工很少有不当行为。全体员工都目标坚定，朝着共同的方向努力，为达成公司使命而奋斗。

为了方便员工之间相互沟通和记忆，Data Domain 公司以首字母缩略词 "RECIPE"，即 "秘方"，来表示自己期望塑造的公司核心价值观，其中：

R = 尊重（respect）

E = 卓越（excellent）

C = 客户（customer）

I = 诚信（integrity）

P = 绩效（performance）

E = 执行（execution）

第一，尊重。我先来解释一下为什么 Data Domain 公司要将尊重写进公司核心价值观。虽然人人都知道尊重是一种基本美德，但很少有公司真正会注意到这一点。礼貌固然是尊重的具体表现，但尊重不仅仅是指在人际交往中做到讲礼貌，更深入地说，它需要我们真诚待人、始终如一。公司希望员工能时刻保持对工作的热情，积极回应，尽力帮助他人，且不可故意无视其他部门的同事，比如连续几天或几周都不回复同事的电子邮件。除此之外，杜绝任何由于性别、种族或民族而产生的歧视或骚扰现象，也属于员工之间相互尊重的范畴。上述这些情况虽然很少在公司内部出现，但只要发现，我们都会立刻严肃处理，绝不姑息。

第二，卓越。这是 Data Domain 公司的第二大公司核心价值观。卓越是指公司内全体成员都要尽力完成自己所做的一切，而非只针对那些最受关注的工程师和销售人员。Data Domain 公司希望，员工无论所处的岗位是人力资源或是会计，都能将追求卓越的精神动力内化于心、外化于行。要做到这一点并不容易：员工必须坚持每天都要求自己将每一项工作做到尽善尽美。"卓越"说起来简单，但是真正要做到却很难，这需要我们不断以高标准要求自己，不甘平庸。

第三，客户。客户是我们一切工作的中心。很多公司都知道公司的发展是围绕着客户进行的，但还有一些公司其实并没有想明白这个道理。我们几乎每天都把"以客户为中心"挂在嘴上，但是在实际操作过程中往往会有很多人忽略这一点。我总是在客户面前坚决表态：我们永远不会放弃任何一个客户。为了回馈客户给予公司的信任和支持，我们愿意赴汤蹈火，客户的需求就是我们的追求。我敦促有能力的员工积极与客户沟通、主动争取机会，不只要争取大客户和战略客户，还要考虑和关注所有的客户群体。

我待过的几家公司都认为应把员工摆在首位，因为在它们眼中，对公司和工作满意的员工会更好地服务客户。公司优待员工，员工就会好好服务客户，让客户对公司满意，从而拿到更多的订单。但我不这么想，为什么我们要间接地达成这个目的？客户才是我们生存的唯一理由。

第四，诚信。诚信指所有利益相关者都愿意全盘信任我们所说的话和给出的承诺。为此，我们不仅要在行动上忠于承诺，还要让他们对我们保持信任。一旦我们无法兑现承诺，他们对我们的信任就会急剧下降，甚至消失。诚信缺失最可怕的后果就是信任感丧失，这往往会引发一系列的负面连锁反应。相反，假如你每次都能信守承诺，那所有利益相关者都会愿意与你建立良好的信任关系，他们会认为你说的话句句属实，之后的业务开展也将轻松很多。

第五，绩效。虽然每个人都说想要取得亮眼的绩效，但很少有人真正行动起来，因为良好的绩效需要员工和职能部门肩负起巨大的责任，同时还要顺利实现理想目标，这十分困难。尽管绩效欠佳的情况向来让人难以接受，但管理者必须先将负面情绪放在一旁，然后根据数据和事实，从各个层面分析绩效欠佳的原因。当然，问责制度确实会让人不舒服，它会让我们每天都必须面对这两种焦虑：要么担心自己做得不够好，要么烦恼于自己必须告诉别人他们做得不够好。然而，如果你想打造一家伟大的公司，就不能让自己的员工流于平庸。请注意："差不多"就是不够好！

第六，执行。作为一种价值观，执行要求我们少关注战略的制定，把目光更多投向将公司战略、规划转化成为效益和成果的执行上。正如我们在前一章中看到的那样，过度炒作战略在硅谷屡见不鲜。他们侧重战略、低估执行，但凡执行过程中出现任何差错，他们都把问题归结到战略上。在这里，我想告诉大家，真正的战略是执行出来的，只有知道如何执行，才可能知道战略实施得好不好。

在 Data Domain 公司任职期间，我注意到许多竞争对手没有任何根据就开始怀疑自己的战略有问题，然后改来改去。Data Domain 公司之所以能跟他们拉开差距，很大程度上是因为我们没有朝令夕改，而是时刻保持清醒的头脑，做坚定的战略执行者，并且一以贯之。因此，即便公司制定出的战略未必完美，但良好的执行也能使我们在竞争中胜过对手。

ServiceNow 公司的全新文化框架

入职 ServiceNow 公司后，我把从 Data Domain 公司学到的公司文化与 ServiceNow 公司原本的文化紧密结合。虽然 RECIPE 模式对 ServiceNow 公司同样适用，但我不想随随便便地将一个大的公司文化框架强加给这家没有体系化管理机制的新公司。这也是为了避免与初创公司最早的一批员工产生摩擦。毕竟我刚来不久，他们就对我抱有敌意了。

最终，我在 ServiceNow 公司成功推行的是一种不屈不挠、以客户为中心、以绩效为导向的公司文化。受这种文化的驱动，ServiceNow 公司当时研发出了一款出色的产品，并引来了大批忠实的客户。那个时候，我们的公司和产品深受客户喜爱，甚至有许多客户选择加入我们，与我们一同奋斗。

我一开始推行以绩效为导向的公司文化时，并不是很顺利，员工们花了很长一段时间才度过适应期。最初，总部位于加州圣迭戈的 ServiceNow 公司，工作节奏慢，工作氛围轻松。我第一次到那里的时候，感觉自己像是来到了工作氛围悠闲的科罗拉多州。不过，在我看来，ServiceNow 公司当下最紧要的事情就是培育和引进高端人才，以及加强公司文化建设。因为 ServiceNow 公司在硅谷的影响力几乎为零，无法从那里挖掘到高潜力的人才，于是我自己组建了一个技术人才库。这之后，位于圣迭戈的总部虽始终保留着自己独特的工作风格，但是员工们的整体工作效率却得以大大提升。塑造一种新的公司文化并不是非此即彼的选择：ServiceNow 公司不必为了成为一个更加严谨、专注、以绩效为导向的公司，而迫使员工放弃原本的工作方式。日子一天天过去，ServiceNow 公司的发展态势也越发良好，这也向所有人证明了一件事——我们的选择没有错。

将 Snowflake 公司的"价值观口号"落到实处

进入 Snowflake 公司的第一周，我刻意留心了上一届领导层想要打造的公司文化。为了彰显出公司真诚、善良和高尚的形象，他们在公司办公室的墙壁上挂了印有价值观的海报，然而现实却是，公司和部门的某些行为及表现与这些价值观并不一致。短短数天之内，我又注意到一件事：公司的经营方向、目标、特征、指导思想，以及员工们在工作时秉持的原则，明显背离了海报上的内容。

仅凭 CEO 或高管希望员工按照核心价值观行事的意愿是远远形不成公司文化的。只有当大多数员工认可并自发捍卫这些价值观，在实际工作中主动纠正与价值观不符的行为时，公司文化才算真正形成了。我刚入职 Snowflake 公司时，情况不算乐观：员工都止步于自己的职能范围，除了一些明显的情况外，管理层间的相处也不融洽。

此外，公司主要的销售部门存在一些不良亚文化，这严重影响了公司业务的展开，导致大批客户投诉公司，其中有些投诉内容不堪入目，恐怕评论人自己也不想再看第二眼。

然而，位于加州圣马特奥市总部的管理层似乎没有意识到这一点。人们往往会凭主观感受和个人判断来落实安排。所以虽然领导层想得很深，但他们的想法并没有传递给那些能干出一番成绩的员工。

等我意识到这点时，就立刻四处探访那些已经离职的员工，了解他们的亲身经历，因为已离职的员工往往会知无不言。而在职员工一般会拒绝谈论公司这方面的话题，因为他们害怕被上级领导讨厌，而且他们持有一些可以获取不菲收益的限制性股票，不愿意惹上可能被解雇或危及这些股票收益的麻烦。

各个城市和地区的销售人员往往不会受到公司界限的束缚，他们彼此间会经常保持联络，共同的工作经历使得那些已经离开原来公司的销售人员比我们目前的管理层更清楚 Snowflake 公司极具挑战性的销售文化。ServiceNow 公司的一些前员工曾向我表示，他们也从其他人那里知道了关于 Snowflake 公司的一些亚文化信息，那是我第一次意识到这些问题的存在。Snowflake 公司一直在尽力给员工塑造完美价值观，比如恪守诚信、让彼此做到最好、拥抱差异。出现这样的插曲，着实令人感伤。

但往好处想，这种情况刚好创造了一个契机，警示我们，严重违反公司价值观必将导致灾难性的后果。而且，因为出现问题的地方并不止一处，所以搞清楚所有问题花费了些时间，但我们最终查出了一些违反行为准则的销售主管，并辞退了他们。

公司的高层团队此前并不觉得需要重新审视 Snowflake 公司之前制定的价值观。在我还未加入 Snowflake 公司之前，公司定下的愿景本身没有任何问题，问题在于公司想要树立的价值观与实际的公司文化间存在差距。因此，管理者只有主动出击并辅以强制手段，才能打造出自己想要的公司文化。

肩负起保护公司文化的重任

优质公司的某一个不显眼的地方也可能遭受负面文化的侵蚀。

对于那些行为不端的销售经理，Snowflake 公司给出的处理方式十分得当。在那种情况下，我认为，比起解雇那些业绩不佳的员工，公司更应该尽快解雇那些有不良行为的员工。如果他们的价值观和个人秉性与公司文化相符，我们仍愿意接纳他们，并且帮助他们纠正不良的行为习惯。但是，对待同事或客户的糟糕态度是一个根源性问题，这可不是光靠公司帮助纠正就能改得了的。

有违公司价值观的员工会破坏公司文化的结构，进而影响公司中的每一个人。公司内消息流传得很快，即便有些员工与那种人从未有过交集，他们也可能通过一些小道消息了解到对方的种种劣迹行为，比如言行粗鄙、为人虚伪狡诈等。倘若公司采取了妥协的方式，纵容了那些价值观不好的员工，他们并不会因此收敛自己的行为，反而会变本加厉。更糟糕的是，如果价值观扭曲的员工因业绩优异而得到晋升，就会使其他员工认为，公司所提倡的价值观和那些贴在墙上鼓舞人心的标语都是胡说八道。进而全公司都会知道，在这里，生存和发展的游戏规则其实是"只要你业绩够好，就能随心所欲"。

这正是我们要对触碰公司底线的员工零容忍的最大理由。我们不仅要杜绝错误的价值观，使其他员工免受负面影响，还要树立典型，向每位员工表明我们维护公司价值观的态度十分坚决。公司文化的形式与行为的后果密切相关，无论是好的还是坏的后果，就算没有任何后果也会影响公司文化。如果你想要打造出一个强大的公司文化，带领公司追求更大的利益，就必须反复权衡、做出取舍，让那些与公司长期发展不相匹配的人离开。这种情况在所难免。

当然，凡事都有例外。比如，有些管理者会明目张胆地无视我们的公司价值观，有缺乏主见的年轻人受管理者左右，但只是"奉命行事"，就不应承担主要责任。我们会看情况给这些年轻人一次改变认知的机会，让他们及时调整自己的行为。这种宽大处理的方法十分有效，甚至可以说立竿见影。

为了避免有人不了解公司的文化，每每有新员工加入，我们就会安排公司文化讲座作为他们的第一堂必修课。若他们想与我们共事，就要向我们看齐，尊重公司的价值观。反之，如果他们做不到，也不要过多干涉，让他们去其他公司试试看，也省得浪费彼此时间。

许多家公司都遇到过这样的情况：当事情大体上进展顺利时，它们往往会提高对员工不良行为的容忍度。因为公司管理者会下意识地想，为什么要因为一点小小的瑕疵就把整件事情搞砸？大多数公司普遍认为，员工的不良行为是公司在快速成长阶段的必经烦恼，也是公司快速发展带来的弊端。然而，这实际上是一个误区，你必须时刻保持警惕，不要为了顺利完成某项事情就对员工的不良行为视而不见。

在你评估自己的公司文化之前，记得先问问自己几个比较重要的问题：与一线员工交谈时，他们的状态是精力充沛，还是迟钝沉重？他们是否有明确的目标，具备使命感和主人翁意识？他们是否怀着共同的远大梦想，畅想未来几年公司将走向何方？大多数员工执行任务时，是否觉得游刃有余，并会自觉提高工作效率？他们是否在项目、产品和人才等所有方面上始终坚守高标准？

倘若你成功建立起并守住了一种强大的公司文化，那它在引来一批欣赏者的同时，也会剔除一部分抵制者。这并非缺陷，是它自带的意向性特点造成的。除此之外，员工对公司文化的接受程度也是一个强大的筛选指标，它能告诉你哪种人会阻碍公司发展，哪种人才能真正帮助公司达成使命。

第 6 章

打破"职责孤岛",建立内部互信

几年前,我聘请了一位知名高管担任 Service Now 公司的销售副总裁,也就是大家熟知的首席营收官。我在面试过程中问了他这样一个问题:"来公司之后,你最希望领导公司的哪支团队?"他的答复是销售团队。这个回答在我的意料之中,但我内心深处期望他能给我另一种回复:领导一支由工程、营销、金融、服务等领域的管理人员组成的领导力同侪小组,因为只有这样兼容各领域精英的团队才真正具备管理任何一家公司的能力。销售团队确实很重要,但它在大型公司中更像是一个"孤岛",有时甚至阻碍了部门间的相互沟通,不利于部门之间的合作协调和总体的利益。

许多公司普遍存在一个很大的问题:公司的部门独立行事可以高效地完成任务目标,可是一旦各部门之间开始互相配合，整体执行力反而会下降，不尽如人意。包括各部门的管理者在内，成员更倾向待在自己的小团体内，很少与其他部门、岗位的员工联系沟通。员工可以在单个部门垂直化管理的框架下游刃有余，但遇到一项需要多个部门协作配合工作时，就会变得茫然不知所措。无论大事小事，只要涉及多个部门，各部门的员工往往会先把自己负责的问题单独挑出来，交给自己部门的负责人，让他来和其他部门的负责人讨论。这样加重了所有员工的工作量，也使得部门负责人成了"传话筒"，严重影响了整个公司的工作效率。

也许你以为这已经是最坏的结果了，但情况还能更糟糕。如果每名员工都按之前想的那样，止步于自己所属的部门职责，其结果就是部门的管理者独揽大权，体制逐渐僵化。这些公司往往政治氛围浓厚，处于最顶层的管理人员享有巨大的权力，留下其余人争夺部门负责人的职位。更夸张的是，比起下属内部消化同级之间的矛盾，一些领导者更喜欢亲自出面处理。但就我个人而言，如果高管们都跑来找我平息矛盾，那我感觉自己已经失职了。

公司的组织结构并非神圣不可侵犯，这只是一种用于安排指挥链的手段，必须根据需要进行调整和变革。组织架构如果不清晰、分工混乱，可能会让指挥链显得烦琐且不集中。矛盾之处在于，要想调整各职能部门，公司必须把它们整合在一起，就好像这些部门划分不存在一样。但如果各职能部门的管理者在彼此间竖起高墙，那么底层人员肯定察觉不出公司有意改变这种风气。

有太多的公司管理者和高管想加固部门 "隔离墙"，甚至会提出一些过分的要求，比如，部门内部成员要想与其他部门进行沟通必须获得他们的许可。这些 "控制狂" 是公司的不稳定因素，数量之多超乎想象。庆幸的是，我们还有矫正这个弊端的机会。

把直接沟通的理念融入公司文化的内核

我经常在公司反复强调一句话："直截了当，有话直说。"如果你遇到跨部门合作的问题，直接去找那个能最快帮助你解决问题的人，明确告知他，你需要他采取何种行动来帮助你。每个人，我再强调一遍，是公司中的每一个人，都有权以任何正当理由与公司内部的任何人进行沟通，无论对方在公司中充当何种角色、处于何种职位或承担何种责任。一个好的管理者应靠自身的影响力，而不是头衔和地位来管理公司。公司希望，每名员工都能把公司视为一个融洽的大集体，而不是一些相互竞争的小团队。

同样，我希望如果有员工向同事寻求工作上的帮助，那么

对方应能及时回复并给予他有效反馈。很多公司或多或少存在
此类问题，比方说，有人会因为自己的职级较高，或者单纯不
想帮助同事的忙，而故意无视收到的请求。但我们不赞同这种
做法，我只要看到了这种情况就会立即干预纠正。为了给员工
们做出表率，只要有员工给我发邮件，我都会亲自一一回复。
虽然有时候回复的内容比较简洁，例如让他们换个人帮忙处理
问题，但我一定会给他们一个回应。

　　管理者要想把直接沟通的理念彻底融入公司文化内核，就
必须耗费大量精力与员工交谈，将这个理念牢牢地树立起来。
因为比起横向协作，人们更愿意采取纵向协作的方式，即等待
上级发布完命令后才开始执行任务，所以我会多次向员工解释
直接沟通的意义所在。而且，管理者如果能够当着员工的面不
断强调直接沟通的重要性，还可以改掉员工只愿待在自己所属
部门或岗位的陋习。久而久之，员工与其他部门的同事或上下
级的交流也会像在自己团队中一样轻松。

　　我对待部门负责人也采取了同样的办法。一直以来，我的
首要任务就是将各部门的负责人视为领导班子，我会将他们聚
集起来共同商讨公司未来的发展。作为一名 CEO，我的职责
不仅仅是要协助他们制定公司发展战略，更是要提高他们的工
作积极性，鼓励他们找到创造性的解决方案。正常情况下，讨
论富有挑战性的问题时，我们所有人都会围着会议桌就座。如

果只能远程办公，我们会通过会议软件召开会议，因为这样每个人都能出现在视频窗口中。

这种方式使管理人员更愿意直接与同级部门或同事合作，而不是将问题抛给自己的团队处理。要知道，团队并不是万能的！现在，公司的高管层已经认识到，他们可以利用横向协作而非纵向协作来节省大量的时间和精力，这也为其他员工树立了一个好榜样。

顺便说一下，CEO 也应当站出来以身作则，反对任何滥用职权、谋求私利的不正之风。就拿我自己来说吧，如果我的立场不正，我也无法获得同事和员工的认同。虽然短期内我可以利用手上的权力命令底下的人做事，但长远来看，这种方式无法化解矛盾，只会衍生出更多新的问题。

信任是团队高效协作的基石

如果员工之间互相信任，那么即便他们没有向对方汇报情况的义务，他们也会采用直接沟通这个策略。

员工相互信任是团队高效协作的基础，它的意义重大。员工能相互信任的公司相比于那些员工之间缺乏信任的公司来说，其中的人员的生活质量往往更高，因为这样每个人都可以集中精力处理当前最重要的事情，不必腾出时间去检查同事是否在做他们该做的事，或者时刻提防有人想要陷害自己。

信任从来都不会从天而降，它需要人们花心思和时间去培育和维持。要想获得别人的信任，就必须不断努力。

在商业事务中，每天都有无数人获得或失去别人信任，甚至有些人可以仅凭直觉，就能迅速发现自己身边有哪些同事不值得深交。在建立人际关系的初期阶段，绝大多数人都会心存顾虑，不会盲目地信任他人，而且只要经历过一次背叛，就会很难再次相信对方。常言道，一朝被蛇咬，十年怕井绳，说的正是这个道理。

人与人之间没有绝对的信任，它不是一件你可以一直拥有的或者绝不可能拥有的东西。你可能会暂时相信公司里的一部分同事、团队和部门，但不会毫无保留地信任他们。至于剩下那些明显与你的目标相悖的同事、团队和部门，你则会选择敬而远之。

在信任度较低的工作环境中，人们会很快开启自我防御机制，根据自己在职场中遭受到的冷漠对待或公然敌对的程度来采取下一步行动，甚至往后都可能以这种方式在职场中生存。但如果他们真的这么做了，公司就会陷入溃败的境地。而且如

果每个人都只顾自己的利益,丝毫不顾公司的存亡,那我们也
不可能取得成功。

我很喜欢帕特里克·兰西奥尼（Patrick Lencioni）在他所写
的《团队协作的五大障碍》（*The Five Dysfunctions of a Team*）一
书中提到的一个概念框架。多年来,我们始终坚持用它来评估
团队功能。兰西奥尼书中的模型基本如图 6-1 所示:

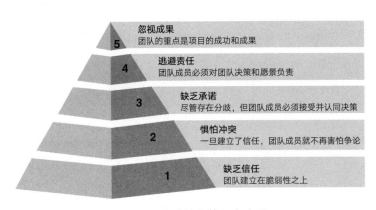

图 6-1 团队协作的五大障碍

虽然这个框架中有些地方细节还需进一步商榷,但框架的
基础是信任这一点毋庸置疑。没有信任作为基础,团队协作中
出现的其他所有障碍,包括惧怕冲突、缺乏承诺和逃避责任,
都难以解决。

做一个值得信赖的管理者

只有值得信赖的管理者才能在公司内部建立信任关系。员工不会轻易地相信你，哪怕那些人直接受你管理，你也必须通过实际的作为赢得他们的信任。

经历 Data Domain 公司、ServiceNow 公司和 Snowflake 公司这 3 家不同类型的公司后，我发觉自己每新到一家公司，就会感受到那家公司所有员工的忧虑和怀疑。无论新来的管理者拥有怎样的资历或经验，如果公司的员工怀疑他，他的工作就会很难开展。一旦公司发生了重大变化，员工会本能地在工作时变得小心翼翼、谨慎行事。但是，身为管理者，只要充分展现自己言行一致的一面，日积月累，定能取得员工的支持和信任。

员工会在日常工作中观察管理者言行之间的差异，尤其是管理者对待他们的态度。哪怕管理者说的话和做的事存在细微的矛盾之处，员工都能立刻察觉出来。长此以往，管理者的信誉就会在员工心目中大打折扣。政客们的信誉之所以如此之低，就是因为他们对公众的承诺大多与现实严重不符，他们的世界充斥着虚伪和谎言。政客们为了选举成功而漫天许诺，但在选举结束之后要么敷衍塞责，要么装聋作哑，拖延时间。

然而，这并不代表你每次都要做到尽善尽美才能获得员工认可。作为管理者，我们需要诚实地面对自己的问题，主动承担责任。员工如果看到你主动意识到并承认了自己的不足和需要改进的地方，会更加信任你。比起否认自己的过失或寄希望于员工会忽视它们，管理者以真诚的态度向员工解释清楚会更好。当然，这种策略是有有效期的，如果你一直无法纠正自己的过失，即便每次都为自己的过失深表歉意，你在员工面前的信誉度也一样会降低。

同样，管理者制定的目标如果是难以实现的，也会导致信任危机。因此，管理者要基于自身的能力和资源来设定公司的短期或者长期目标，不仅要注意实现预期目标，还要注意为人处世之道。例如，如果你告诫员工自己对某件事零容忍，那千万别破例；又或者你公开表示自己赞同某个人的观点，那就按他说的做。言语是有力量的，人们更愿意相信坦诚正直的人。

管理者信守诺言，带领员工交付的实际成果远超预期，更能激发对方对自己的认同感和信任度。

我最初接任 Snowflake 公司 CEO 一职的时候，公司内部一片混乱。因为前任 CEO 在团队中颇受欢迎，而我刚上任就立即大面积调整公司管理团队，这让很多员工内心忐忑不安。在第一季度全体员工大会上，我向员工分析，我们应该在

12 ～ 18 个月内，通过聚焦关键任务和高效执行来使公司的估值上涨 10 倍，而不是尽人事听天命。会议结束当天，全公司的员工都用怀疑的目光看着我，他们眼神中充满了不可思议。不过到了上市那天，公司估值比前一年成功暴涨了近 14 倍，而且股价也在交易的第一天就翻了一番。其后短短一周内，我收到了许多员工发来的电子邮件，里面的内容让我不禁想起一年前我们进行 10 倍预测的那一天。有位员工写道："虽然那天大家都信不过你，但你完美地兑现了你的承诺。"

高信任度的职场文化助力公司的优异业绩

充满信任的职场文化和公司业绩之间存在一定联系，而且往往是正向的。在彼此高度信任的团队里，各成员会为了公司利益，在工作中密切配合，毫无保留，没有人会觉得为难或者精神萎靡。如果公司内的成员都相信大家的目的是高尚的，没有人有不可告人的动机，那么他们就可以专注于解决公司出现的问题和当前面临的挑战，无须互相防备。而且，处在高度信任环境下工作的各成员不需要为自己的错误找借口，因为他们能立刻做到知错就改。

为了给众人树立榜样，每当我意识到自己做出了某些错误的决定或者后悔制定了某项决策时，我都会公开承认并宣布这是一个彻底错误的决策。例如，为了给 Data Domain 公司构思一个出色的合同制造 ①，我经历了一段痛苦的时期。前期，我特意招了几位这方面的管理者进来，没想到后来却和他们不欢而散。后来我在反省中意识到，自己之所以在招聘方面失败，是因为我此前从事的是软件开发，从未接触过制造业。于是我公开承认了自己的错误，但也表示，在公司回归正途之前我们不会放弃这个任务，而我们最终做到了。

在 ServiceNow 公司组建管理团队的时候，我又一次犯了这种错误。云计算基础设施也是我以前没有涉足过的领域，它在整个行业都算是一门新兴学科。作为公司的 CEO，我为自己的错误负责，公开承认自己在选择领导层方面犯下的失误。并且和上次情况一样，我向员工表明，公司永远不会停下前进的步伐，直至我们实现最终目标。只要你勇于承认自己犯错，并寻求全面妥善解决该问题的方案，犯了错也是有机会获得原谅的。

经过这件事，我向众人表明了一件事：坦率地承认自己的错误也无妨，不必顾忌后面可能出现的无法挽回的后果，毕竟没有人能一直把事情做好。我们越快地面对自己抵触的事并改正，公司就会越快变得更好。但这种情况只会在能让员工感到安全和信任的环境中发生。

---

① 合同制造指公司与其他制造商签订合同，并由该制造商生产产品，而公司负责产品销售的一种合作形式。——编者注

来自顶尖企业家的
提效锦囊

1. 你需要抵制观望模式的诱惑，不能期待时间给你揭示每个人的真正价值。你必须习惯利用有限的信息来评估人和相关情况，因为这是你所能得到的一切。

2. 强大的企业文化可以成为公司竞争优势的源动力，极大地帮助公司发展；而脆弱的企业文化很容易从内部摧毁组织。

3. 即便公司制定的战略未必完美，良好的执行力也能让我们在竞争中胜过对手。

4. 我们越快地面对自己抵触的事并改正，公司就会越快变得更好，但这种情况只会在能让员工感到安全和信任的环境中发生。

AMP IT UP

第三部分

关键三，聚焦精力，不为任何偏离使命的事情分心

LEADING FOR HYPERGROWTH BY RAISING EXPECTATIONS, INCREASING URGENCY, AND ELEVATING INTENSITY

So it behooves us
to act more like
doctors: slow down
and critically examine,
never mind a solution.

我们应该像医生一样:
放慢速度，仔细检查，
然后再寻求解决方案。

第 7 章

真枪实弹地干，
而不是蜻蜓点水地尝试

　　医生在治疗时是以诊断为中心的。这并不奇怪，若是缺乏准确的诊断，任何人都无法有效地治疗患者，在医疗事故诉讼案件数量巨大的时代尤其如此。因此，训练有素的医生们会花费大量的时间进行检查、化验，从而排除可能的病因。只有在确定诊断结果后，才能开始实施治疗方案。即便如此，医生们也需要时刻保持警惕，以防诊断失误导致无效治疗。生命科学是极其复杂的，即使专家也不能想当然。

　　但我发现，商业与医学界的文化认知相反。我们倾向于先寻找解决方案——我们将大部分的时间用于讨论解决方案，而不是分析问题。我们发现问题后，总是争先恐后地想办法，急于得出一个结论；然后与其他公司进行模式匹配，并根据个人经验对情况做出反应，而不是从更广泛的角度来研究我们眼前的具体情况。

　　我们很容易对自己的判断缺乏理性，并急于推进解决方案的实施。但是，如果我们对问题的理解有误，那我们的解决方案就行不通。位于底特律的宝来公司（Burroughs Corporation）是我的第一位雇主，宝来公司认为，摆脱低迷现状的方法是扩大规模，因此他们选择与斯佩里通用自动计算机公司（Sperry UNIVAC，后简称"斯佩里公司"）合并。这两家公司合并后重命名为"优利公司"（UNISYS）。从优利公司未来35年的发展走势来看，没有任何有力证据表明该公司有扩大规模的需要。规模扩大后，优利公司依然面临着较大的挑战，因为该公司依旧存在一些自己的问题。通常来说，合并和收购是打破不良动态的首选方法，但结果通常事与愿违，因为人们常常无法准确分析问题。

　　人们的思维定式也会导致问题出现。你自己的参照系会让你在可能的认知范围内找到一个可选性更高的子集。我们自然而然地为某些解释所吸引，从而抵制其他解释。当某些叙述能左右人们的判断时，权力和地位因素就介入了这个过程。有时，整个公司都倾向于按照传统的模式思考，而将偏离传统的思维方式视为不合时宜的。人们将争论的输赢看得比分析的正误更重要。

　　20 世纪 90 年代中期，我就是在这样的公司工作的。我的第二个大雇主是康博软件公司（Compuware）。该公司位于密歇根州的法明顿希尔斯，业务主要以大型机为中心，且有意开拓其他方面的业务。即便在那时，人们也将大型机视为传统的庞然大物，认为最酷的东西是小型计算机、UNIX 操作系统、台式个人电脑和 Windows 服务器。他们甚至不清楚自己的公司是否存在问题，或者想要解决什么样的问题。与那个时代的所有新技术相比，大型机仍然是一项利润丰厚、可预测性很高的业务。更乐观的情势是，就在短短几年之后，由于计算机的 2000 年问题（Y2K）[①]，大型机业务即将恢复大规模的发展势头。康博软件公司因试图解决一个本不存在的问题，所以一次又一次地在收购方面失利。

　　之后，我受命负责公司的一次收购，被收购对象是位于荷兰阿姆斯特丹的尤尼菲斯（UNIFACE）公司。这项交易给我带来了许多挑战，大型机技术已经处于生命周期末期的情况也使事态变得更加糟糕。这次收购并没有解决任何问题，但它为未来几年创造了很多东西。有时，一些公司在其核心业务中非常成功，以至于它们逐渐相信自己不会出现任何漏洞。这些公司常常在分析和理解不足的情况下，强行挤入新的行业。那些

[①] 指"千年虫"问题。2000 年 1 月 1 日后，两位十进制数的系统无法识别由"00"表示的"2000 年"这一具体年份，从而造成计算错误，引发计算机业务处理系统和控制系统的功能紊乱。——编者注

年，大型机业务的发展稳定而持久，新技术也不断以飞快的速度涌现出来。然而，人们在那些年获得的东西几乎都是短暂存在的。

人们倾向于寻找解决方案的另一个原因是集体思维，这种思维模式不鼓励新的、创造性的和意想不到的思维方式。集体思维会导致灾难性的后果，但集体思维是人类固有的天性，唯一的关键是如何才能做到理智诚实。偏见和成见是人类状态的一部分。证真偏差也是如此，这是一个新的心理学术语，用来进一步描述以上这些倾向。

例如，早些时候我曾在 Snowflake 公司召开一次会议，我们在该会上讨论了客户采用数据云的有关问题。我们假定客户采用数据的速度没有我们想象得那么快，因此提出了一系列举措，旨在增加数据源的种类和可用性。而客户采用数据的速度之所以缓慢，是因为我们没有对问题的性质及可能的原因进行任何分析。令大家懊恼的是，我将他们的目光转移到问题的本质上，而不是快速跟进已经提出的建议。我通常不喜欢碰运气般地尝试一些事情，这样既浪费了时间，又花费了资源。因此，我们应该真枪实弹地干，而不是蜻蜓点水地尝试。

从那时起，我们大量增加了数据资源的公共产品属性，但同时，我们也了解到，并非所有数据都应被同等对待：一些数据源需求量很大，而其他数据源几乎无法被访问。我们开始了解后来提到的数据重力，即数据集中在某些领域的深度和范围。我们也没有通过暴力破解，而是在领会了早期数据云采用带来的挑战后，找到了一种更加巧妙的解决方法。

像医生一样理性分析，再去采取行动

因此，我们应该表现得像医生一样：放慢速度，仔细检查情况和问题，然后再做出合理的解释，最后得出解决方案。这需要保持理智诚实，抛开偏见和以往的经验。你还得考虑各种可能性，而不仅仅是第一直觉。此外，你还要跳出眼前的困境，寻求他人的建议。

那么，如何才能在得出结论之前理性分析问题，并训练员工保持理智诚实呢？

我的首选策略是根据所谓的第一原则，即将问题分解为最基本的元素。然后，你需要忽略已经知道的东西，并假设这是你一生中第一次面临的问题。你过去了解得越多，就越难得出解决眼前问题的策略，所以要努力抛却偏见。

在会议上，我经常反对一些 90% 的内容都是关于解决方案而不是问题本质的演讲。我总是想回到问题的源头，而不是随意在程序或项目上盖章签字。这一点让我的同事们很沮丧，因为他们希望直接进入行动阶段，他们认为对各种可能性进行再深入的讨论纯属浪费时间。然而，如果最终因为溯源出错而前功尽弃，浪费的时间会更多，导致的后果也更严重。一旦开始检查并分解问题，你往往会因视角的改变而改变事情的走向。这通常可以避免出错，防止我们在这一过程中浪费时间、精力和金钱。

这让我想起我最喜欢的一句话，"失败来得越早越好"，这句话出自斯科特·麦克尼里。如果你发现自己错了，要立即改正，并快速纠正错误的路线，以树立声誉。如果你能在犯错的时候及时承认，即便你不总是对的，最后也能获得成功。这将使你与对待问题太过武断的人区别开来，他们往往因担心自己的表现不佳而拒绝重新分析问题。

在招聘人才领域，分析也具有特别重要的意义。毋庸置疑，招聘结果充满了主观的偏见，因为谁也无法客观地衡量众多人员的素质。某些招聘结果以失败告终是情有可原的，但拒绝了解、承认和修改招聘方面的错误就不可原谅了。即使有几十年的工作经验，我也曾多次错聘在过去的岗位上看似表现出色、备受尊重、深受欢迎，但后来的结果证明其工作表现十分糟糕的高管。诸如此类的事情屡见不鲜！

如何得知你对新员工的分析是否正确？我们每年都会举行几次校准会议，会上每个部门负责人都会向其同级介绍自己直接下属的表现和潜力。目的是明确谁在自我提升，谁在努力挣扎，谁出现了严重的工作问题。各部门的负责人会尽量客观，并由其同级对每次评估进行实际检查。

我们每个人都可能有偏见，但同级的评价通常是客观公正的。人们要么被同级接纳，要么被同级拒绝，很少有中间立场。在强大的公司文化中，管理层的同级可以像抗体一样，在危险的异物破坏生物体健康之前将它拒之门外。

举行这些校准会议很困难，因为它们突出了组织中可能存在的不一致性。这些会议迫使我们面对自己的另一面：我们是否容忍了角色的不佳表现？在某种程度上，事实总是如此。我们能够而且应该渴望做得更好？分析使人们在日常繁忙中变得迟钝的认知更加敏锐。如果我们能够抽出时间好好讨论这些话题，肯定能让人精神振奋。

评估高管之间出现明显分歧时，我们都会加倍细致地分析，而不是仓促下结论。人们与这位分歧者之间的想法截然不同，一定是有原因的。在讨论时间足够的情况下，我们总是能找到问题的根源。分析第一，尤其是当这个人未来的职业生涯可能会因此受挫时，更要谨慎分析。

第 8 章

将客户变成盟友，
是赢得客户忠诚度的必杀技

大约 10 年前，在硅谷许多公司组织并成立所谓的"客户成功"部门，这逐渐成为一种流行趋势。忽然之间，似乎每个公司都有了这样一个以前从未存在过的部门。设立这类部门的初衷是为一个专注于客户成功的团队分配资源。

客户希望有一个专门的团队代表他们进行宣传。这些客户成功部门的人员不向销售部门或客户服务部门汇报工作，但他们会代表客户协调并调动公司的所有资源，以解决可能出现的一切问题。通常情况下，客户成功部门由技术部、销售部、产品支持部等其他部门的专家组成。

这是一次伟大的管理创新吗？当然。在我加入 Service-Now 公司和 Snowflake 公司之前，这两家公司也已经设立了客户成功部门。他们很乐意追随同类公司的脚步，但我不以为然。我撤销了这两家公司的客户成功部门，将员工重新分配到与他们专业技能匹配的部门。

这里是我如此反对的原因：如果你拥有一个客户成功部门，那就等于告诉所有员工，不必再担心客户对于公司产品和服务的感受。这会造成员工工作的脱节，还有可能在未来产生严重的后果。员工更加局限于实现其定量业绩的狭隘目标，而不注重更广泛、更重要的客户满意度，但后者才是关键，最终关系到客户维系、口碑传播、盈利能力和整个公司的长期生存。

例如，在 ServiceNow 公司，客户成功部门的一些人员在与客户互动方面占有举足轻重的地位，并为客户的利益协调了公司的所有资源，包括技术支持、专业服务，甚至是设计制造。这导致其他部门停滞不前，变得更加被动，对客户成功的掌控感也随之降低。在公司运行职能之际，这种漏洞只会不断增多，而不是变得更少。

客户成功是每个人的责任

此方法的一个替代策略是声明并不断强调：客户成功是整个公司的责任，而不仅仅是一个部门的责任。这意味着，当公司出现问题时，每个部门都有责任去解决这些问题。每个员工的激励机制应该完全符合客户的利益。

如果公司的基本职能运作正常并能够承担相应责任，那你就不需要单独成立一个部门。

如果公司的一款产品质量很差，需要大量善于使用各种工具的员工，那你就应该动用额外的资源来修复该款产品。如果还有其他的常见问题，你就需要敦促大家认真对待，直接解决这些问题。在任何情况下，创建一个新部门都不会为公司增加任何附加价值，它只会让其他使客户失望的部门摆脱困境。

将人员重新安排到新部门的冲动让我想起了美国政府，在那里，每个问题的拟议解决方案都需要经过层层的官僚。例如，美国联邦调查局、中央情报局和五角大楼都未能阻止"9·11"事件的发生，但有关官员却没有一人真正被追究责任。相反，政府成立了一个庞大的新内阁级组织，即国土安全部。没有一家政府机构因未能履行其职责而受到惩罚，他们的存在就只是为了争取更多的联邦资源。同时，新组织不断产生，但它们只增加了解决潜在问题的复杂性。

要想完美地消除客户的不满情绪，可以建立一个有一定的权能、内部结构更简单且无官僚主义的中间部门。产品开发人员和销售人员是直接与客户接触的人，他们应该承担起保障客户满意度的责任，这也直接影响到他们的职业发展及公司的业绩。这样一来，每个人的动机都是一致的。如果多个部门之间存在业务方面的交叉，那就更好了，这样就不会流失任何客户。

接下来的例子能够说明这在实践中是如何起作用的。在以上提到的 3 家公司中，我们让技术支持人员全程负责解决客户问题，并将技术支持部归入工程部，因此这两个部门的负责人都向同一位主管，即公司的工程主管，报告工作进展。依据我们以往的经验，不管是将工程部从技术决策部中移除，还是使工程部不受技术决策部的影响，都是不可取的做法。实际上，工程部发挥着支持作用：技术支持部能力有限时必须与工程部合作。这是组织协调的另一种形式。

技术支持部负责解决客户问题，销售部协调客户关系，这些事务都不能交给专门的客户成功部门的员工来处理。我们的业务以关系为导向，而不是以交易为导向。更重要的是，销售人员不能将其责任的一部分委托给客户成功员工。

一旦公司的主要团队被授权可以独立解决问题，人们就会忘记过去的那个客户成功部门。最终，我们拥有了一个流程更简洁、成本更低、运作更流畅的组织。

来自顶尖企业家的
提效锦囊

1. 我们应该真枪实弹地干，而不是蜻蜓点水地尝试。

2. 一旦开始检查并分解问题，你往往会改变事情发生的走向。这通常可以避免出错，防止我们在这一过程中浪费时间、精力和金钱。

3. 要想完美地消除客户的不满情绪，可以建立一个有一定的权能、内部结构更简单且无官僚主义的中间部门。

AMP IT UP

第四部分

关键四，加快节奏，才能让公司始终充满活力

LEADING FOR HYPERGROWTH BY RAISING EXPECTATIONS, INCREASING URGENCY, AND ELEVATING INTENSITY

Never cease to
explore new markets,
never be caught in
the strategic dilemma of
running out of markets.

只要开拓新市场的努力
永不停歇，
就不会陷入市场枯竭的
战略困境。

第 9 章

销售的进取心和野心必须足够大

2009 年，我曾在《磁带真是糟糕透了》(*Tape Sucks*) 一书中写道："总有一天，公司必须从资源节约型转向资源高效利用型，而且要以你所能知道的速度有效利用资源，但那个具体的节点并不明显。"

我经常从创业者那里听到这样的问题：我怎么知道初创公司什么时候该提高自己的业绩？我无法对这个问题做简单的回答，但我愿意分享一些具体问题来帮助你形成自己的结论：

- 你对自家公司当前的销售数据满意吗？如果不满意，那公司应当如何在没有增加更多销售人员的情况下提高团队的生产力？
- 你对现阶段潜在客户开发渠道的指标满意吗？如果不满

意，公司接下来打算如何改进呢？

- 你的销售计划日程表是否合乎实际情况？如果不合乎实际，那么是你定的目标过多，时间安排上过于紧迫，还是你的计划过于保守，任务时间过长？
- 你是否有足够的进取心和野心来超越竞争对手？
- 你的销售团队是否认同公司制定的目标和时间表？ 他们是否目标明确，并且全身心地投入工作中？

管理者比较容易犯的通病，就是过早地为整个销售团队增设人员。第一，他们未能识别出业绩突出的销售人员与业绩较差的销售人员之间的差异，就开始招新人进入团队。第二，当所有条件均已满足时，他们却又开始犹豫是否要投入大量资源来做好销售。接下来，我希望分享自己在 Data Domain 公司、Snowflake 公司和 ServiceNow 公司遇到过的几个案例，帮助你们更透彻地了解这些常见的销售问题以及如何应对它们。

在跨越鸿沟前不要急于销售

Data Domain 公司在我正式加入之前，一直聘请的是兼职销售人员。直到我接任 CEO 以后，它才雇用了第一位全职销售人员。为了跨越早期客户到主流市场客户之间的鸿沟，我们必须先打造出满足市场需求的"好产品"——这一概念在杰弗里·摩尔（Geoffrey Moore）的《跨越鸿沟》（*Crossing the*

Chasm）一书中首次出现。除此之外，我们还欠缺一套优秀的销售流程，即为了产生预期结果，公司需要设计出一连串系统化、可重复的步骤。

我们聘请的第一位销售人员不仅具备渊博的专业知识，而且善于与潜在客户中的技术专家打交道。他数次抓住契机，从客户内部识别出并且招募了许多合适的渠道合作伙伴，并请他们为公司提供支持和帮助。其实，初始阶段的销售行为更类似于业务开发，而非一套明确的、可重复的销售流程。就业务开发而言，我们会对它涉及的方方面面进行逐个分析，然后根据当前的情况进行调整。在此情况下，产品价格和合同条款的制定规则相对灵活。相比之下，我们通常认为的销售活动则是一个系统化、高度标准化的过程。

这位销售人员取得了非凡的成就，并留在 Data Domain 公司工作了很多年。不过，他那种缓慢、需具耐心的业务开发方式难以大范围复制或推广。于是我们又雇用了第二位销售代表，遗憾的是他没有具备同样的专业技能，所以最终失败了。当然，他本身没有任何问题，只不过他更适合一个完善的、成熟的销售模式。那个时候，我们还没有准备好接收传统意义上的销售人员。在某些潜在条件还不齐全的情况下，雇用销售人员要慎之又慎。

为了不断开拓市场，Data Domain 公司一直在升级产品，并非常谨慎地逐步扩大销售团队的规模。初期阶段，公司的业绩水平和盈利能力并不突出，所以我们招聘销售人员的数量十分有限。即便只是想要聘请寥寥几位销售负责人，也耗费了我们一年多的时间。

与此同时，Data Domain 公司也利用自身丰富的资源支持销售人员，帮助他们开发潜在客户。需求不足是公司初期面临的一大挑战，于是我们决定给新来的销售代表提供大量的销售线索，以便他们及时跟进。细化后的销售漏斗不仅可以帮助销售团队更好地集中精力、提高生产力，同时还能帮助管理层研究公司当前面临的最大的销售挑战，并了解那些表现最好、业绩最佳的销售人员究竟是如何克服这些挑战的。相反，如果你不愿意在潜在客户开发方面投入资源，那你的销售代表每周除了开几次会，基本无事可做。这样，销售团队会逐渐变得灰心丧气。换句话说就是，他们正走向一条没有光明前途的路。高水平的活动对于鼓舞士气、推动团队取得成果来说必不可少。

与公司为了雇用并留住销售人员开出的条件相比，开发潜在客户的成本相对较低。一项业务刚刚起步时，新来的销售代表至少会在第一年享受有保障的薪酬计划。因此，Data Domain 公司会给每一位全职销售代表配备多达 3 名的潜在客户开发人员，这意味着每一位全职销售代表前期就拥有了大量的潜在客户。所以，我们并不担心早期阶段销售规模的扩大问题。相反，我们苦恼的是之后该如何跨越鸿沟，让公司持续盈利。毕竟，我们在销售早期阶段采用的策略基本是针对当时的情况而制定的，无法保证它能继续沿用下去。

几年以后，公司的产品线变得更加强大，我们决定提升销售速度。我们不再盲目猜测谁能为公司提升业绩，而是根据需要雇用了更多专业素养对口的销售代表。等他们正式进入公司之后，我们不仅把自己得出的那套可预测、系统化的销售流程传授给他们，还教会他们如何巧妙地说服潜在客户，从而提升销售效率、达到预期的目标。

在短短一个季度的时间内，我们招聘销售人员的策略就从循序渐进、保守克制的守旧模式转变为犹如洪水一般的迅猛之势。这一变化极其巨大，董事会成员对我们改变销售战略的速度和执行情况震惊不已。多年来，董事会一直关注我们的一言一行。过去我们强调谨慎行事，十分克制地利用公司资源，但现在我们的做法完全相反：开足马力，全速前进。

做出这个决定看似艰难，像是为了争取成功而孤注一掷，实则不然。报表上的这些数字也恰恰证明了我们的决定的正确性。如果说非要有什么的话，那就是应该提前一到两个季度就大批量雇用更多销售人员。耐心地等待时机，只等东风一刮，规模更庞大、目标更宏伟的销售团队就可以迅速运转起来了。

不依赖"枪手"，提升自身核心能力

我刚加入 Snowflake 公司的时候，它的发展速度很快，但每产生一美元的收入，我们就必须在销售和营销方面投入更多的成本。我们发现，上一届的领导团队虽然一直在拼命给公司拉资源，但他们并不清楚这些额外的资源没有转化为实际成果的原因。于是我们猜测，这是不是因为销售的效率太低了。

深入了解后，事情逐渐明朗起来。原来公司的全球销售团队中有很多尸位素餐的人，他们不仅没有达成过交易，甚至连开发潜在客户的渠道都没有建立起来。Snowflake 公司的大部分销售增长是由一小群"枪手"，也就是外聘人员创造的，他们始终保持着强劲的销售生产力。我们由此得出一个结论：公司在执行过程中存在问题。如果你的产品可以卖给位于纽约的公司，却无法卖给亚特兰大的公司，那很显然，不是你的产品不够好，而是你的销售方式有问题。

初创公司普遍存在这样一种现象：一小部分销售代表贡献了绝大部分营收，而剩下的一大部分人则毫无产出。之所以出现这些情况，通常是因为公司随意地雇用员工，且后期缺乏一套标准化、有效的销售管控体系。果不其然，调查后发现，

Snowflake 公司为了迅速扩大销售队伍的规模，在未能仔细或系统地弄清楚哪种类型的销售代表能在哪一个岗位上做到最好的情况下，就指派人来负责销售工作。更糟糕的是，公司也没有为新来的销售代表提供足够专业的实践指导，以提高他们的销售效率，反而期望他们用自己的方式去找到答案，然后奇迹般地创造大量销售数据。这也难怪有些销售代表可以仰仗自身的本领斩获傲人的成绩，而另一些销售代表尽管卖的是同样优秀的产品，也获得了同样水平的营销支持，但业绩依然难有起色。

　　在我看来，Snowflake 公司之所以会出现此类问题，其中一部分原因就是在于它把招聘工作外包了出去，这也是销售组织常犯的错误。作为一名合格的销售经理，他必须具备的一项技能便是招聘。招聘是成功提升销售管理能力的核心，公司必须拥有自主招聘的能力。优秀的销售经理可以通过不断地招聘和解雇员工，迅速累积经验，清楚哪些候选人具备"枪手"的特质。除此之外，他们还可以了解增设另一位负责人需要满足的前提条件。销售经理要有能力为公司明确下一位员工应该属于什么岗位，以及他需要负责的地区。销售经理的职责就是将销售代表转化成生产力，所以如果销售经理告诉我们哪里需要销售人员，我们就会听从他们的指挥，把销售人员安排到哪里去。

在 Snowflake 公司停止外包招聘、教会销售经理如何招聘到优秀的销售人员，以及大力改进实践培训等一系列事情之后，我们团队的销售生产力终于大幅提升。接下来，我们就开始招募实力更强的候选人，为他们提供一条经过实践检验的、标准化的生产力提升之路，而不是让他们自己下水试探，挣扎沉浮。

抓住时机扩大业务

2011 年，我加入了 ServiceNow 公司，当时它本身就有一个小而精的销售团队，销售效率高得超乎想象，团队中每个销售代表的销售额都在持续增长并呈现逐步加快趋势。他们为自己的成功颇感自豪，工作充满了活力和热情。那一年，从年初到年底，ServiceNow 公司中执行配额的销售代表数量保持不变，虽然所有的岗位空缺都已补齐，但整体销售代表的人数并未增加。尽管公司当年的销售收入几乎翻了一番，但我认为这显然表明我们要提高销售配额水平。当时，ServiceNow 公司虽也急需其他部门的资源支持，但我们的首要任务必须是激励销售人员更好地完成销售任务，提高销售业绩和销售团队的能力。

为了提高公司的销售能力，我们投入了大笔资金进行大规模的招聘活动。在不到 6 个月的时间里，整个销售团队的人数增加了一倍多。要在这么短的时间内招到如此多优秀的人才并非易事。此前我在易安信公司待过一段时间，为了给 Service-Now 公司招揽人才，我就利用那时的人脉从易安信公司挖走了许多人，所以把那里的一些人也得罪了。

公开设定销售配额是最能预测和反映销售结果的方式。销售配额是公司分配给各销售代表在一定时期内必须达成的销售金额。有了确定的配额，销售代表就要围绕这个目标来工作，因此它也就变成了引导员工们努力的一股不可抵御的力量。

其实，这也是 ServiceNow 公司案例的矛盾之处。对于缓慢增长型公司来说，提高销售效率是一个积极的表现。但就高增长型公司而言，过高的销售效率反而是个负面的衡量标准，因为这意味着公司的招聘速度不够快。我刚到 ServiceNow 公司时，就发现它的销售效率过高，于是我们开启了一段疯狂招聘之旅，几个季度后，生产力终于稳定了下来。虽然我们的销售效率看似降了下来，但随着员工数量的快速增加，公司的收入也很快就迎来大幅度的增长。

总而言之，如果一台汽车的发动机不工作，即便你往油箱里加再多油也无济于事。同理，即便你有实力雇用世界上所有的顶级销售人员，但在没有透彻地了解自己的产品、市场、需求和潜在客户开发系统，以及将潜在客户转化为现实客户的销售方式之前，他们是不会给你带来收益的。

如果你手上的销售团队的工作正陷入泥淖，不要总是抱怨员工没能在你规定的时间内完成目标，你要主动向他们询问，找出目标无法实现的原因。一旦找到真正的问题所在，就立刻去大胆解决。如果你只是在一旁观望、默不作声，那销售团队停滞不前的情况是不可能有所改善的。你必须主动积极地管理团队，改善员工们的不良行为习惯，适当地裁减员工数量，或者在最有希望把销售潜力转化为收益的地方多雇用人才，为能将员工人数转化为收益的经理添加人手。此外，千万不要为明显存在问题的岗位或部门继续配置员工，因为这种做法不过是心存幻想的表现，根本不是销售管理。

当然，管理者也必须确保每位销售人员都具备工作所需的资源，比如经验丰富、卓有成效的销售经理和同事。即便当下拿不出可行的计划或者提供不了足够的资源支持，你也不要把他们打入"冷宫"。因为如果你冷漠地对待你的员工，那么等待他们的结果就只会是失败，这同样也将影响你身为管理者的声誉。接下来，外界就会慢慢流传起关于你的风评，称你是一个既不懂得培养员工也不称职的管理者。长此以往，你所在的公司就更难招到人才，甚至可能陷入人员收缩的恶性循环。

作为一个合格的管理者，你应当避免上述情况的发生。管理者的职责之一就是带领和指导员工往好的方向发展，为他们提供茁壮成长的机会，帮助他们迈向成功。

第 10 章

要么快速增长，要么缓慢死亡

　　麦肯锡公司在 2014 年提出了一项名为"快速增长还是缓慢死亡"的研究。该研究调查了 1980 年至 2012 年间数千家软件和服务公司，而后得出结论：公司的增长胜过一切，是实现长远成功的驱动力和预测因素。麦肯锡公司将年增长率达 60% 及以上的公司定义为"超级独角兽"。超级独角兽的回报率是中等增长型公司（年增长率低于 20%）的 5 倍，此外，前者年营业收入达到 10 亿美元的可能性比后者要高出 8 倍。

　　该项研究还发现，在评估一家年轻公司时，年增长率比年利润率及成本结构更重要。增长所带来的估值增幅是盈利能力同等提高后带来的估值增幅的 2 倍，且成本结构与增长之间没有必然的相关性。

华尔街从来不需要通过一份顾问报告来体会增长的魔力。在上市前后，超级独角兽的估值都会得到极大的提高。无论哪个公司，管理者的工作都是提高公司的价值，你可能会认为他们都痴迷于增长。但事实并非如此。相对而言，他们很少有人将增长作为优先考虑的事情，相当一部分人甚至满足于缓慢的增长。这是为什么呢？

真正理解增长的重要性

其中一个主要原因是，没有多少管理者真正理解增长的重要性。他们错误地认为，自己的使命是尽快使公司实现盈利，而经济增长伴随着盈利水平的提高。这表明，他们对于价值的创造方式和投资者的想法存在误解。一旦初创公司开始盈利，投资者就会得出结论，要么是该公司的管理者不知道该如何投资可以让公司进一步发展，要么是该公司已耗尽发展机会。他们会想知道，你为什么不把那些过早得到的利润重新投入眼前的业务中。投资者还未期望盈利，他们明白，经济增长是对资源的巨大损耗。这就是他们投入财富的意义——帮助公司进一步增长。

我经常把实际盈利能力和我们所说的"固有盈利能力"分开来看。在高增长公司中，盈利能力通常是不正常的，因为当期成本的很大一部分与未来预期收入有关。问题是，如果我们

完全停止对未来阶段的投资, 盈利能力会如何变化? 固有盈利
能力受到单位经济效益或损益表中的毛利率驱动, 如果商品的
成本高于售价, 那么显然, 我们永远无法从中盈利。还有一个
问题是, 规模的增加如何影响经营效率? 以下这些答案有助于
我们理解公司的固有盈利能力。

例如, 在公司创立早期, 一般费用和管理费用可能比营
收高 20% 以上。但随着业务规模的扩大, 我们预计这笔费用
将减少到收入的 10% 以下。并非所有支出都与收入成线性比
例。若是会计计算经营效率时只将当期收入和支出考虑在内,
而混淆了公司的固有盈利能力, 就有可能得出与经济学相悖的
数据。

根据我以往的经验, 比起对增长的无知, 管理者对增长的
焦虑更容易引发问题。他们担心浪费过多的资源, 进行有限资
本的投资时总是选择困难。他们中的一些人担心, 如果投资的
公司规模过大, 他们将失去对其的控制; 而其他人担心, 一味
追求增长可能会被淘汰出局, 让自己陷入难堪的境地。所以,
这两类管理者都坚持谨慎行事。然而, 就算你只运营一个规模
不大的公司, 也不能确保业务始终畅通无阻, 因为你的竞争对
手肯定会试图夺走你的客户。

公司处境困难时, 你会既害怕承认失败, 也不想放弃, 这

是人之常情。你也许会安慰自己，一个新的销售副总裁能够解决眼前的问题，又或者董事会可以任命一位新的 CEO。但现实是，并非所有公司都注定会成功。如果你有心留意，就能察觉市场发出的明确信号。但就算你有可能于水火之中挽救一家公司，也并不意味着它值得被救。

增长缓慢的公司必将成为"行尸走肉"。大多数公司都是灾难性地迅速失败。这算是比较乐观的情况了，至少随着公司的快速消亡，每个人都可以及时止损，转而将人力和财力重新分配给更有前途的公司。

在硅谷，数量庞大的公司在众所周知的鸿沟① 中徘徊多年，长期挣扎却无法有所突破。它们的风险资本家和管理团队都希望自己的公司有朝一日能够赢得胜利。我个人参与管理的此类公司比我记忆中的还要多。早期，由于考虑得太简单，我没有检查这些公司运营的有效性，不考虑这个因素就去运营公司无疑像是为防止沉船而在泰坦尼克号上重新排列躺椅：除非大幅度改变航向，否则这艘船仍将沉没。在商业领域，这意味着我们要面对商业可行性的问题。一个公司要想突破并达到"逃逸速度"，就需要大量差异化且具有彻底颠覆性的产品，以

---

① 硅谷中的鸿沟主要指的是高科技企业在市场营销过程遭遇的由早期市场与主流市场之间的消费者的消费差异所带来的障碍。——编者注

及对现状的突破，否则，人们只会对衰退视而不见。

建立能提高目标的增长模式

我经常要求其他公司的 CEO 解释自己公司的增长模型。换句话说，如果以最佳方式执行，他们的公司能以多快的速度增长？哪些因素将限制或促成其增长？结果出人意料。CEO 的反应往往是茫然空洞的眼神："增长模型？我不明白你的意思。"

有时，他们会问我："你认为我们应该以多快的速度发展公司？"或者，"我们今年有望实现 30% 的增长。你觉得这够成功吗？"我如何能就完全陌生的业务回答这些问题？这些问题的答案是相对的和情境性的。在某些情况下，对于一些公司来说，30% 的增长可能是最好的增长速度，但对于另一些公司来说，30% 的增长意味着表现不佳。建立增长模型的意义就是帮你理解许多增加或限制公司增长机会的因素。

通常来说，评估增长的极限是一件不可能的事。你不能简单地将数字代入公式，想要评估公司的增幅是否已达最大值需要公司管理者的判断力和洞察力，而这也是我们必须坚持下去的原因。高层会议和董事会会议都应侧重于质疑构成当前增长模型的各种假设。一般来说，你可以通过查验这些假设得出结论：当前的增长目标是否设定得过于保守。遇到疑问时，你可以选择改变模型，设定一个更加雄心勃勃的目标。

例如，在 Data Domain 公司，我们最初设定的增长目标比较保守，因为我们非常害怕因过于激进而失去董事会的信任，这是管理团队中的一个常见问题。但这种本能是错误的，我现在宁愿提高增长预期，即使功亏一篑，也要努力拼一把。行为要么由预期驱动，要么由预期决定。我回想起了几年前，我在 Data Domain 任职时与销售主管讨论下一年增长目标的一次对话。我希望他们先自己定个目标，这样他们就会感觉这个目标是属于他们的，而不是高层强加给他们的。当我们讨论他们提出的预计目标时，我提出了一个问题，即他们如何能将最初的预计目标提高 25%。然后，该销售团队快速列出了一份清单，其中包括了他们需要做的一些事情。那么，我们为什么不这样做？目标的力量是强大的，它们能够改变行为。

2011 年初我第一次访问 ServiceNow 公司董事会时，发现他们对公司的发展轨迹感到十分自豪，这是可以理解的。但当我问到该公司能否发展得更快时，他们投来了或怀疑或恼怒的目光。我不是故意装傻找茬，我只是想了解他们是如何看待公司的增长问题的。这也许是一个令人尴尬的问题，但也是一个不得不提的问题。

你可能会发现自己在公司发展方面投入过多却不见成效，但这种情况并不常见。更常见的情况是，你会越来越善于优化公司的各个方面，以实现更高的增长率和更远大的目标。我们可以把我们想要的一切理论化，归根结底，我们都能从实践中学到最好的经验。就我而言，我领导的每家公司都是超级独角兽，但事后来看，我本可以更加积极有效地运用更多的资源。过往的经验告诉我，每当心存疑问时，就应该勇敢地向前迈出一步，试着更快地成长。

快速增长，把竞争者远远抛在身后

快速增长能让大公司远离竞争。当你公司的增长率远远超过其他公司时，你可能就会从心理上将它们剔除出竞争者名单，这会使你的竞争对手感到威胁和挫败。例如，到 2007 年，Data Domain 公司在重复数据消除存储和虚拟磁带库领域占据了领先地位。每家磁盘存储公司都就客户合作与销售产品的原始设备制造商展开竞争，原始设备制造商包括易安信公司、日立、IBM 和美国网域存储技术公司（NetApp）等。它们将产品销售给一些最终消费者，因为它们对初创公司的备份存储等基础性产品持怀疑态度。但 Data Domain 公司采用了不同的策略。我们为公司的直销组织配备了员工，这在公司软件行业很常见，但在数据存储领域不常发生。

经销商通常会放弃销售 Data Domain 的产品，因为他们害怕被大型原始设备制造商排挤。经销商不会为了 Data Domain 公司等"新贵"，而破坏与大型原始设备制造商之间的关系，放弃利润丰厚的特许经营权。最终，我们直接迎战经销商，向客户直接销售。在他们一次又一次地输给我们之后，他们中的一些人开始改变想法。因为客户开始向他们提出要购买我们的产品，所以他们别无选择，只能提供 Data Domain 旗下的产品。这就是控制力动态变化的体现。你的优势来自强大的产品和强大的销售能力。有可能的话，你应该始终坚持自主销售，而不是将其委托给第三方，因为没有人比你更关心你的产品的销售情况。

在 Data Domain 公司，我们决定打破传统，采用直接销售产品的模式。因此，Data Domain 最终主导了市场，其估值最终远超与其实力相当的竞争对手，甚至高达后者的 15 倍。作为存储业务的巨头之一，我们公司想要击败易安信公司的情绪十分强烈，所以我一次又一次地前往波士顿，向公司的潜在客户推销产品。对于新英格兰的公司来说，收购易安信公司几乎是一种"信仰"，这使得我们更加坚定地迎难而上。之后，我们开始聘用一些易安信公司最优秀的销售人员，他们因为厌倦了输给 Data Domain 公司的挫败感，表示愿意接受工作上的变动。与失去一些忠实的客户相比，这一现实更令易安信公司沮丧。挑战规模庞大的公司时，愤愤不平的情绪也会对你有所帮助。

易安信公司想尽一切办法来抑制 Data Domain 公司的发展，包括招揽我们的客户。但是，我们公司的增长势头十分强劲，使它们的努力都白费。最后，他们不得不发起了一次非正规的收购行动，以吞并 Data Domain 公司。

精益求精，拓展发展空间

对于一家小型初创公司来说，发展不是一件简单的事情，尤其是在达到一定规模后，公司向前发展会变得更加困难。当业务达到一定规模时，人们自然会降低对增长速度的预期。但请不要轻易相信这个设想。与万有引力定律不同的是，没有任何一条定律表明，速度越来越快时，动能会随之减少。公司的潜在市场的规模决定了公司的增长速度。当一家公司的市场供需量达到饱和状态时，增长速度往往开始放缓。

许多公司试图通过大力投资第二大产品或服务来延续其发展势头，从而延续创立之初的成功之路。但大多数公司很难成为连续创新者。它们也许会因偶然发现过一款不错的产品，就认为自己能够再次轻松地发掘新事物。你需要拥有理性的诚实和谦逊，才能总结出多种共同促成你最初的成功的因素。仅仅叩开过一次成功之门并不意味着此后你就能够随心所欲地管理好公司。

要想获得大幅度的增长，你就需要利用现有的优势，调整公司的原始产品，以满足邻近市场的需求。不过，如果你没有这个打算的话，就不要轻易到其他陌生领域冒险。你可以提升自身的销售能力，同时扩大公司的潜在市场，而不必试图再次打开财富之门，即开发第二种产品。这就是我们继续发展ServiceNow 的方式。我加入 ServiceNow 公司时，它已经是一个超级独角兽，但在优化核心产品方面仍有很大的发展空间。

尽管我们的产品是为 IT 运营商设计的，但我们很早就听说，人力资源部门可以使用像 ServiceNow 这样的服务管理平台来进行工作。但我们不了解人力资源管理的相关话术，更不懂得如何向人力资源专业人士营销。不过，一旦察觉到一个潜在的巨大市场，我们就会为之努力。我们雇用了具有人力资源背景的新销售人员，并改变了本公司的术语。例如，将 IT 人员的"事件"改为 HR 人员的"案例"。像这样的小改动相对简单，但范围要涵盖从产品设计到销售、营销和服务的各个层面。我们为人力资源客户创建了一个独立的业务部门，以便单独跟踪其业绩指标。该业务部门的表现十分出色，至今仍然如此。

我们鼓起勇气，将公司为人力资源部门设计的方案作为模板，在另外 6 个新的服务领域推出了 ServiceNow 平台。我们原以为其中有些平台会以失败告终，但它们都取得了不错的成

绩。我们成功地为 ServiceNow 平台拓展了销售渠道，可谓是
煞费苦心。

　　我曾拒绝关联的一个业务是客户服务，因为它与我们公司
所在的领域关联不大。就定义而言，客户服务中心比内部的
IT 支持更受消费者的影响，互动量也更大。但我们采用了一
个数据点来尝试后者，那就是使用 ServiceNow 平台为客户提
供内部的技术支持。尽管最初我并不情愿，但在领导团队中几
位成员的一再坚持下，我还是做出了让步。事实证明他们是对
的。我们构建了端到端的数字化客户服务，打造所谓的"全球
商业服务"。

　　我们不断付出努力，精心改良原始产品，终使得公司规
模获得快速增长，市值也大幅飙升。ServiceNow 公司用了 12
年的时间才实现了 10 亿美元的收入，但仅仅用了两年，公司
的收入就高达 20 亿美元。沃伦·巴菲特将其称为"滚雪球效
应"：规模越大的公司越能够不断发展壮大至更大规模。假
设你拥有 100 亿美元的收入，你如果能想出如何将收入提高
10%，就能在一年内多获得 10 亿美元的利润。

控制成本，要增长也要盈利

　　我 2019 年加入 Snowflake 公司时，它也是一家超级独角

兽，其收入同比增长近 2 倍。有迹象表明，产品在一个具有一定需求的市场上才能够很好地吸引顾客。因为当时传统平台的不足，市场需求一度被压抑，所以我们能很轻松地向客户证明：我们能够显著地优化他们的使用体验。为了让客户亲身体验到这点，我们的销售人员会这样说："试试看，你会喜欢的。"巨大的需求以及引人注目的产品给了我们一个绝佳的机会，Snowflake 公司得到了进一步的发展。

在这种情况下，公司发展面临的挑战是在规模上维持这种双曲线轨迹。虽然 Snowflake 公司在飞速增长，但其销售和营销成本仍超过收入的 100%。我在前文提过，公司的增长应该优先于其盈利能力，但当生产一美元的成本远远超过一美元时，就谈不上是做生意。正如公司此前认为的那样，这不是可以自然而然得到解决的问题。于是，我们开始专注于解决资源配置不当的问题，让公司显著增长的同时，更接近盈利模式。

首先，我们需要平衡 Snowflake 公司的薪酬计划和财务规定。这其中包括一个原则：不能让销售部门自行实施薪酬计划。因为这就像让狐狸来管理鸡舍。薪酬计划需要根据公司年营业收入精确建模，以让我们了解不同绩效水平的影响。而激励措施需要与公司的目标相一致，它不仅仅是销售人员 W-2

报税表[①]中的一项。当时 Snowflake 公司不允许签订长期合同，而我们几乎立即废除了这个规定。由于各种因素，我们经常超卖，提供的折扣常常超出客户的预期。其实客户并不在意这些多余的折扣，因为他们每年都有一个名义成本延期至下一年的选项，但这对我们的平均折扣产生了不利影响，公司后续几个时期的收入也因此降低，因为只有客户拥有调剂空间。

我们还需要平衡合同与消费。销售人员只关心合同价值，因为这与他们的薪酬相关。但 Snowflake 公司只关心消费，因为只有客户消费才能够转化为收入。如果能够保持合同与消费间的平衡，就能使销售成本与公司收入保持一致。

你需要在销售佣金方面设立强有力的金融监管制度和财政纪律——这一点非常重要，而且再怎么强调也不为过。某些时候，你可能为了公司能吸引并留住一流销售人才，而放弃财务的严谨性，但这无疑犯了一个致命的错误。这种短视错误可能发生在每年、每天的计划阶段内，甚至是在任何一笔销售交易中。

---

① 员工从公司获得的工资和所得税的证明。——编者注

第 11 章

在扩大规模时保持昂扬的斗志

管理者往往很难适应公司发展和演变的自然生命周期。倘若你用经营一家 10 个人的创业公司的方式去经营一家拥有 500 名员工的成熟公司，那毫无疑问，你注定会失败。然而，其中也有一处自相矛盾的地方，你如果目前管理的是一家成熟的公司，却没有了像管理一家 10 人创业公司一样的斗志，那么这家成熟公司可能永远也无法充分发挥自身的潜力。

接下来，我们就来看一看公司发展需要经历的三大阶段，以及各阶段对领导力的要求。

萌芽阶段，小规模团队具备超高生产力

在初创公司的萌芽阶段，公司创始人一般会先根据种子资

金的筹措情况来评估创业想法的可行性，然后再通过后续几轮融资构建初始产品。创业早期组建的团队通常规模较小但十分专业，且各成员之间分工协作紧密，重心都放在打造自己的第一款产品上面。那些不到十几人，甚至只有五六个人的创始团队能取得的成就之大，总会令我叹为观止。而团队一旦经历过成功，就很难再回到当初这种生产力水平了。

因此，基于这一点，CEO 在某种意义上差不多是一份兼职工作，这个岗位一般被交给某个承担关键职能的领导者暂时兼任，比如技术主管或者是运营主管。所有人的职责都只是工作，而非管理。当然，公司出现兼职 CEO 的情况也很见，比如，风险投资公司合伙人就可以暂任 CEO 一职，因为公司在萌芽阶段对管理者的领导力的要求还不高。例如，在 Data Domain 公司，我们的主要创始人李凯（Kai Lee）博士虽然是团队在开发产品时期的管理者，但他从未想过担任 CEO。而公司创立初期，他就得到了两家风险投资公司恩颐投资（NEA）和格雷洛克风投公司（Greylock）的主要投资者的协助，成绩斐然。后来，直到公司成立 18 个月后，我才受聘为 Data Domain 公司的第一任 CEO。

形成阶段，风险和压力俱增

等到公司有了数量足够多、质量足够好的产品，可以进行市场测试的时候，它就进入了形成阶段。你会在此阶段与潜在客户建立联系，让他们看到、接触或感受到公司投入市场的产品。之后，你又可以根据自己从客户那里得到的有价值的反馈信息，帮助公司更有效地建立起定价和支持模型。这个阶段的目标是明确自己是真的做出了一款可行的产品，还是只设计出了一款来寻找待解决技术问题的产品。

这个阶段要求管理者的领导力更加成熟，因为你必须做出一些重大决定，包括如何给产品进行合理的定价、定位，如何销售和推广等。另外，员工人数的逐步增加也将给人力资源管理带来一定压力。而公司业务的快速扩张会加速公司的现金消耗，甚至导致现金短缺。正如我在前文中所指出的那样，在你理清如何帮助每一位销售人员提升业绩之前，雇用再多的销售人员也是没有意义的。然而，根据过去 5 年时间初创公司获得大笔资金投入的情况进行推算，董事会成员和投资者过去提倡的开支限制已经不复存在。

许多管理专家在大量研究和分析的基础上认为，处于形成阶段的公司将面临巨大风险。杰弗里早在 1991 年就创造了"跨越鸿沟"一词，用来描述初创公司进入这一阶段面临的独特挑战和应对措施。虽然许多公司在进入形成阶段之前就已经具备了充足的实力和一批早期客户，并有充足的资金来开拓市场，但越往后发展，它们反而越会陷入另一个鸿沟——吸引特定较小群体的需求与建立一个庞大而可持续的客户群之间的鸿沟。

这里有一点十分关键：如果你没有遇上合适的时机，就不要强行进入任何市场。如果你的产品刚刚上线就遇到了瓶颈，反响平平，那最好重新开始。先虚心听取客户的反馈意见，然后再思考下一步该如何行动。你如果企图以两倍甚至三倍的代价来跨越鸿沟，是得不到什么好结果的。

公司真正进入大规模扩张的时机正是它已经成功跨越鸿沟，并且有信心扩大销售并将自己的产品更好地推广出去，把大量新客户转化为公司产品的忠实客户之时。

讽刺的是，太多初创公司在形成阶段严重超支，到了下一阶段真正需要大笔资金的时候，它们反而拿不出资金。客户抢着找你买单之时，就是你应加大生产力度、扩大生产规模，为公司争取更大经济效益的时候了。如果你觉得自己被市场需求压得喘不过气来，就必须调整心态，那才能让公司顺利地进入下一个发展阶段。

规模扩张阶段，及时明确下一步行动

公司规模扩张指公司通过构建可重复的、高效的流程和执行模型来最大限度地实现经济增长。处于规模扩张阶段的公司不再将经营侧重点放在学习基础知识上，因为它们已经成功步入了"青春期"，哪怕现在离真正成熟还有一段距离，它们的行事作风也日趋沉稳。

就 Data Domain 公司这类公司而言，它在形成阶段耗了数年时间，直到打磨出的产品足够吸引人，才进入下一个阶段。但也正是因为 Data Domain 公司在前期花了大量时间为扩大规模做准备，所以它的管理团队稳定性高，公司文化成熟，随时可以实施重大变革，能用资源优势推动公司发展。

但对于其他类型的公司，比如 ServiceNow 公司和 Snowflake 公司，鸿沟对它们的发展几乎没有任何影响。它们旗下的产品都非常适合各自的市场，几乎一上市就迅速获得了客户们的认可。可能由于业务增长的速度太快，ServiceNow 公司和 Snowflake 公司的员工都还没有做好进入规模扩张阶段的准备，所以这两家公司一开始都花了大部分时间和精力去过渡。

我初到 ServiceNow 公司时就发现，公司自身的实力已经远远超过了跨越鸿沟所需的实力，但它在资源使用方面仍然过于保守。虽然它的主营业务在现金流方面能自给自足，投资方面收益状况良好，并且刚刚从运营中释放了大量现金，然而它却因为某些关键职能缺乏资金支持而抑制了发展。正如我在前文所说，尽管当年该公司的营收几乎翻了一番，但公司内部销售人员的总体数量基本保持不变，就好像它在抗拒自己进入下一个阶段，不愿扩大规模一样。

Snowflake 公司也出现了类似的情况。哪怕产品接受度、销售收入和快速增长的利润都已超出形成阶段的标准，但它仍未迈过鸿沟。Snowflake 公司存在随意支出和奢侈浪费的现象，例如，尽管 Snowflake 公司一年的经营成本高达 2 亿美元，但管理层仍对公费组织全体员工去美国的旅游胜地滑雪的事情乐此不疲，我说的是即便只有 6 个人也要分开坐几辆车那样的奢侈。因此，Snowflake 公司的营运效率和现金使用效率都很低，而且当时管理层还没有构想出扩大公司规模的实质性计划。

有时候，管理者会因为痴迷甚至留恋处在形成阶段的公司模式，而难以推动公司向前发展。我们想继续保持早期创业时内心的浪漫和兴奋，就像毕业后仍想待在田园般的大学校园里闲逛那样，是不愿意面对现实的表现，我们应该承担起那些应尽的责任。

我就曾因没能及时为促进公司发展添置必要的资源支持而深感愧疚。譬如，在聘请首席财务官之前，我一直将 Data Domain 公司的运营成本控制在 5 000 万美元左右。那个时候我比较节省，比起直接雇用高级管理人员来负责监督财务方面的工作，宁愿出低价多雇用几位低级的员工来代替，但这显然不是正确的做法。直到后来由迈克·斯卡佩里（Mike Scarpelli）担任第一任首席财务官时，我才终于恍然大悟：原来一个顶尖的财务主管能带来如此大的价值！

从那之后，我不管去哪家公司都一定会邀请迈克，所以他还同样出任了我接下来两家公司——ServiceNow 公司和 Snowflake 公司的首席财务官，也成了我最信赖的合作伙伴。

根据发展阶段确定优先事项

管理者要会区分公司的不同发展阶段，因为你需要根据公司的不同阶段制定和采取相应的管理模式。大多数管理者之所以失败，是因为他们在本该转变思维、调整公司发展方向之际，仍然保有旧习惯。所以，CEO 和董事会都需要留心观察领导团队在早期发展阶段是否有陷入危险的迹象。

如果你所处的公司目前只是刚刚起步，那你依靠直觉和本能去管理还能勉强支撑下去。所以，每当我为处于萌芽阶段的公司招聘新人的时候，我更侧重考虑能为公司带来直接影响的员工，而非一些品德高尚或擅长抽象的商业营销理论的人士。然而，能在萌芽阶段公司中混得如鱼得水的人可能难以在成熟的公司里生存，因为后者条条框框太多，会议也很多，这会让他们很难快速做出决策。

反过来，倘若有这样一个人，他之前只在价值数十亿美元且长期保持平稳发展的公司工作过，但现在你要把他招进一家正准备跨越鸿沟的初创公司，那他和公司会很容易出现严重不匹配的现象。你甚至会认为你和他是来自不同的星球，因为你们对同一件事的想法简直天差地别。

就拿我之前在 ServiceNow 公司发生的事情举例吧。我曾经特地从一家大型公司挖来一位资历深厚的高管。他实力极强，但只把目光聚焦在自己部门身上，源源不断地招聘大量新人进来，还推出了各种不适合公司发展的大型项目。他的做法与 ServiceNow 公司当时阶段的目标大相径庭，也超出了我们所能承担的范围。

从某种程度上来讲，我们都摆脱不了往事的羁绊，会把生活中独特的经验和经历串联起来，内化成自己的理论框架，然后将它融入到新角色当中去。然而，那些可以将昂扬的创业斗志与大公司所需的规章制度完美结合的人，才是最伟大的管理者。他们能根据实际需要做到收放自如、张弛有度，甚至在必要时可以抛开自己的经验之谈，采用最基本的原理，从最基本的事实去考虑各种情况。

创业初期，团队干劲满满、活力十足，但随着公司规模的扩大，大多数公司就开始松懈了，丧失了原有的狼性精神和斗志，但这些恰恰是成就公司成功的核心驱动力。长此以往，这些公司很容易出现机构臃肿、人员繁多、人浮于事、效率低下、执行不力的局面。公司中的战略家太多，实干家太少。繁杂的琐事使管理者分心，有些公司甚至因此忽略了客户的需求。

作为管理者，你的主要任务是弄清楚如何让公司初期的活力延续下去，防止公司员工和团队无精打采、士气低落。对此，我会向那些重要人物提问："如果今年剩余的时间里只能做一件事，你会做什么？为什么选择做这件事？"之所以要他们回答这些问题，是因为随着公司越做越大，他们会一股脑儿提出很多议题。在意识到自己已经迷失方向之前，他们会像在糖浆中移动一样，寸步难行。先确定好优先事项，减少干扰，才能重新集中注意力。

当然，我也会问自己的团队，当前最要紧的一件事是什么，我们又是出于何种原因一直没有做。我这样做就是为了避免团队过于专注日常琐事，而一叶障目，不见泰山，也省得他们心中总是有所顾虑，担心该做的事没做。除此之外，我还会从另一角度问自己的团队：我们目前把大把的时间和资源都耗费在了哪些不重要的事情上面？

为什么要确定哪些做法不会对公司产生重大影响？答案很简单：任何一家公司，无论规模大小，都需要学会不断地舍弃一些不必要的行动。

来自顶尖企业家的
提效锦囊

1. 即便你有实力雇用世界上所有的顶级销售人员，但在没有透彻地了解自己的产品、市场、需求和潜在客户开发系统，以及将潜在客户转化为现实客户的销售方式之前，他们是不会给你带来收益的。

2. 快速增长能让大公司远离竞争。

3. 每当心存疑问时，就应该勇敢地向前迈出一步，试着更快地成长。

4. 你需要拥有理性的诚实和谦逊，才能总结出多种共同促成你最初的成功的因素。仅仅叩开过一次成功之门并不意味着此后你就能够随心所欲地管理好公司。

5. 任何一家公司，无论规模大小，都需要学会不断地舍弃一些不必要的行动。

AMP IT UP

第五部分

关键五，打磨战略，
向平庸宣战

LEADING FOR HYPERGROWTH BY RAISING
EXPECTATIONS, INCREASING URGENCY, AND
ELEVATING INTENSITY

Pedal to the metal,
put your boots on,
execution is everything,
business is war.

全速前进，全副武装，
执行力就是一切，
商业就是战争。

第 12 章

跨越鸿沟，将机会变成现实

到目前为止，我们的大部分讨论都是关于执行力，尤其是对任务的高度关注，但这并不意味着战略没有发挥极其重要的作用。在接下来的 3 章中，我们将了解 Data Domain 公司、ServiceNow 公司和 Snowflake 公司的战略转型情况。

在 Data Domain 公司的日子里，我们接受了发展性战略学习，这些学习对我们后来在 ServiceNow 公司和 Snowflake 公司的经历产生了重大影响。

前面提过，Data Domain 公司是一家成立于 2001 年的数据存储公司。该公司为商业客户提供一种阵列，用来动态过滤冗余的数据段。在数据备份和恢复等使用案例中，这种阵列具有极高的效率和速度，超越了以前主导这些市场的磁带库和自

动化系统。以前的储存空间只能保存一个完整备份，而一个
Data Domain 阵列可以在这种储存空间里保存 50 个完整备份。

磁带技术可以追溯到计算机的诞生之日。磁带机比磁盘机
便宜，更明显的一个优点是可以从驱动器中弹出，被移动到异
地进行安全保管，并在需要时用于恢复数据。几十年来，数据
安全行业由制造磁带、驱动器、装载机和磁带库存储器的公司
组成，为客户提供磁带的自动化、物流、运输和存储服务。

没过多久，Data Domain 公司问世。公司的宣传口号是：
"磁带糟透了！是时候换掉了！"这句口号在当时有可能破坏
整个行业的生态系统。最初人们对这个厚颜无耻的口号嗤之以
鼻，但这家盛气凌人的初创公司却几近成功。让我们来看看其
中的原因吧。

秘诀 1：攻击对手的弱点，而不是强项

当时，磁带自动化系统广受欢迎，竞争力十分强大，但其
实，没有人真正喜欢磁带自动化系统。在各大公司内，管理磁
带自动化系统的 IT 人员属于低级别的专业人员，他们的技术
工作就像清洁工作那样不起眼。他们并不热爱自己的工作，这
也不足为奇。在尝试恢复数据的一半时间里，他们可能找不到
完整或正确的磁带序列，或者碰上磁带无法加载或读取的情

况。在数据存储展览会上，我们会把"磁带很烂"的标签贴在磁带库机器上。

秘诀 2：创造成本优势，或消除对手的成本优势

公司做出重大采购决策时，通常不关心 IT 人员对不同产品的感受。毕竟，经济指令才是王道。

机械磁盘公认的固有优势有：读写速度快、可靠性高、结构简单。可惜的是，它们价格高昂。与当时最便宜的磁盘阵列相比，磁带的价格相当于前者的十分之一，占据了不可动摇的成本优势。但随后，Data Domain 公司凭借其高效、嵌入式的内联重复数据消除技术改变了这一现状。例如，通常情况下，即使每天的数据变化很小，磁带自动化系统仍会日复一日地备份相同的数据。Data Domain 公司的产品第一次备份时会以 70% 左右的速率压缩数据，第二次备份时只多占用几个百分点的存储空间，因为此次备份只会存储前一天新创建的数据段。随后，每天一次的备份都只做一件事：存储当天新增的数据段，并略微增加所占的存储空间。这就是为什么 Data Domain 开创的重复数据消除技术能够永久地改变数据备份和恢复领域。

由于磁盘可以大幅压缩并消除重复数据，磁带系统的成本

优势便随之弱化，客户也不再因为这点而青睐磁带了。

秘诀 3：进军现有市场，而不是创建新市场

营销人员最喜欢在鸡尾酒会上提到凭空创造的新类别，但这些新产品并非常常能够被创造出来（苹果公司只是个例外，它有 iPod 和 iPad 等自创类别的创新产品）。一个真正的新市场的出现，通常是由全行业因素和环境综合作用的，而不仅仅是因为一家公司有创新。

Data Domain 公司的机会十分明晰。它占据了整个磁带自动化市场，每年能从价值数十亿美元的市场消费中获利。虽然我们的潜在客户已经与我们的竞争对手建立了牢固的关系，但我们至少知道对手公司数据存储方面的决策是谁做出的，以及他们的项目支出是多少。换句话说，我们确切地知道本公司的销售代表应该服务哪些客户，而且怎样能够得到客户的赏识。他们不是容易被说服的听众，但他们有足够的知识来理性地考虑一个潜在的优秀产品。

我们当时试图自己命名磁盘备份这个新的存储类别，但即使是新兴领域的领头羊，市场也无法接受我们命名新类别的尝试，而是朝着另一个方向飞奔而去。我们必须竭尽全力，才能在市场转向磁盘市场之前保持领先地位。最终，我们确实主导了市

场，也使我们对产品类别的命名方法成为主流。

秘诀 4：摸清技术采用者的购买心理

任何成熟市场的缺点都是，当新的方式方法向几十年前的传统发出挑战时，会产生一些摩擦。在任何领域中，年纪较大、较为保守的专业人士都担心新兴技术会威胁到他们的稳定工作和生计。但是，更具前瞻性，通常来说也更年轻的专业人士，更喜欢突破性创新，他们迫不及待地想将新事物付诸实践。这就是早期技术采用者和晚期技术采用者之间存在的区别。杰弗里在《跨越鸿沟》中对此进行了精彩的解释：如果你试图以同样的方式向这两个群体进行推销，那很可能会以失败告终。

一个关键战略是，首先瞄准早期的技术采用者。因为他们和他们所在的公司更愿意在一项令人兴奋但尚未验证的技术上冒险。作为新技术的精明评估者，他们渴望将事情做得更好，然后向同行展示自己是多么前卫。

后期的技术采用者占据着正态曲线下的一个较大的领域，他们追求风险和成本的最小化，没兴趣成为那种街区里第一个拥有酷炫技术的孩子。所谓"跨越鸿沟"，就是建立一个满足早期技术采用者的滩头阵地，然后将他们作为例子来安抚后来的技术采用者。因此，你必须提出一个无可辩驳的理由，证明你的新解决方案既安全又经济。那时，无比广阔的市场将成为你的主场。

秘诀 5：离客户近一些

如果你不能在客户附近销售产品，那在更远的地方肯定会失败。你的早期客户离你越近，你就越容易与他们建立沟通，并收集到有用的反馈。你还可以熟悉熟悉附近的潜在客户，以获取更多资源、赢得更多关注。这就是为什么硅谷的公司在附近地区上市产品很常见。当地的科技公司志趣相投、精通科技，是典型的早期技术采用者。在那里，他们能拥有高质量的人脉关系，容易与其他公司的朋友和熟人交谈。

在试图将业务扩展到更偏远的地区之前，Data Domain 公司就已努力在北加州发展了大约 50 个核心客户。公司出售的物理磁盘阵列必须在客户数据中心进行现场安装和配置，所以我们更倾向在距离办公室 80 千米的范围之内的客户，这样我们可以把一套设备装在汽车的后备箱里，然后开车去见客户。如果客户需要更换设备或磁盘，我们也可以随时、快速地返回公司拿取设备。

那些从一开始就试图在国内甚至国际上销售的公司，往往分布得过于分散，容易给其运营部造成较大压力。

秘诀 6：尽快提供完整的问题解决方案

如果你只提供了一个问题的部分解决方案，你的客户就需要在其他地方寻找剩下的解决方案，那你的竞争对手也就能轻松地钻你的空子。因此，你需要试着提供一个完整的解决方案，这样你才不会那么容易地被取而代之。

为了实现 Data Domain 公司的目标，我们的产品必须在运营和经济方面扩展各种类型的客户群体。最初几年，我们无法做到这一点，但我们制定了相关战略，持续专注于提供更完整的解决方案，同时寻求速度上的突破。我们将磁盘阵列作为文件存储系统，这样一来，第三方销售的备份软件产品就更难驱动我们的存储系统。几乎每个人都习惯备份到磁带，所以备份软件完全可以应用到磁带自动化系统中。

人们对磁带使用的习惯和依赖根深蒂固，于是一些公司构建了模拟磁带库的磁盘阵列，即虚拟磁带库（VTLs）。备份软件可以处理磁带或模拟磁带的磁盘，但不能处理磁盘形式的磁盘。同时，另一个问题是：许多客户希望制作备份磁带，存放在异地，以防火灾、洪水或其他灾难。你可以通过本地备份来恢复损坏的数据，但任何摧毁整个数据中心的灾难也会摧毁所有的备份系统。因此，人们通常将备份视为一个两步走的过程：每24 小时备份一次，然后尽快将其转移到安全的位置。

Data Domain 公司融合了以上两个步骤，开创了一种名为网络复制的解决方案。现场备份（适合即时恢复），并将数据通过网络复制传输到另一个数据中心（用于灾难后恢复）。虽然网络一次只能传输少量数据，但由于我们产品的重复数据消除效率极高，网络复制的解决方案变得更加实用。我们仅需要传输前一天备份后的那份全新数据段，就能解决整个问题，将竞争对手的机会扼杀在摇篮之中。Data Domain 公司最初的产品有限，但通过系统地填补漏洞，我们逐渐变得无懈可击。

秘诀 7：一步到位，掌握核心技术

Data Domain 公司有一个非常关键的优势：它是从零构建起来的，就如同一张白纸，其各项功能也是完全按照我们的意图而设计成的。我们希望更多地关注存储，而不是备份和恢复。存储技术能吸引大量客户，因为它是核心技术，而备份和恢复只是该项技术的一个应用。

我们主要依赖英特尔微处理器来运行技术，它们在性能方面发展得很快，但价格也不断升高。相比之下，磁盘作为机电设备，在性能提升方面进展缓慢。我们都知道，仅仅依靠改进磁盘性能来进行性能竞争是注定会失败的。近年来，英特尔 CPU 的发展突飞猛进，最终使 Data Domain 传输重复数据的速度比其他传输原始数据、重复数据的公司更快。

Data Domain 的另一个关键优势是：没有构建虚拟磁带库接口，因为这是一种短期的过渡技术，但还是提供了虚拟磁带库。我们清楚，客户最终会弃用这些接口，但我们需要与提供虚拟磁带库的竞争对手竞争。

秘诀 8：架构决定一切

这个秘诀比较强调技术层面的东西，但 Data Domain 公司已经一次又一次地实践了它。在发布产品之前，你得仔细考虑产品的理想架构。

Data Domain 公司执行重复数据消除的内联程序，意味着将数据写入磁盘之前，系统会对重复的数据段进行排序。这种速度快得令人难以置信，而且最终成了我们的杀手锏。我们的竞争对手都将重复数据消除作为后处理：他们先将原始数据复制到磁盘，然后启动第二个进程以消除冗余数据。除复杂性和额外成本等缺点外，备份只能在 24 小时后才能再次开始。随着数据量的激增，两步走的备份过程很快便无法在一天内完成。

Data Domain 公司不仅将数据放在已消除重复数据的磁盘上，还在主备份过程中进行异地复制备份。我们软件的架构之美让它可以双管齐下。我们想出了一个营销口号来宣扬这一优势："爱上内联！"

秘诀 9：时刻准备快速转变策略

仅仅赢得市场是不够的。在做到这一点后，你将如何维持公司的发展势头？你的下一步计划是什么？你将如何拓展目标市场？你能在遭遇瓶颈时及时改变策略吗？

你可能会陷入尴尬的抉择中，纠结到底是执行当前的商业计划，还是规划后续的战略转变。如果你是一位精力充沛的 CEO，就像我在 Data Domain 公司时那样，你将很难抬头开阔视野、思考更长远的问题，如寻找新的潜在市场以维持公司的增长。这就像试图在高速行驶的火车前铺设新的轨道，让火车减速几乎是一件不可能的事情。

当员工们忙于生产、销售和赢得竞争时，我开始为公司的未来而担忧。尽管如此，我还是过分专注于我们目前参与的竞争，努力地闯过每一道关，尽量不失分。这不仅仅是一个关注焦点问题。我们成功打进了市场，而且得到的结果超出了我们的预期。这个市场是相对封闭的，邻近市场难以侵入，而我们却已经占领了其中一些邻近领域，例如网络复制和灾难后恢复领域。

我们需要进军备份软件领域，因为正是这些软件驱动了我们的磁盘阵列。这将为我们提供进一步的创新机会：将备份软件纳入磁盘和网络技术的发展中，并与磁盘阵列紧密集成。我们设想，是否可以通过这种方式轻松地将公司的发展领域扩大一两倍。我们尝试购买备份软件，但未能找到合适的解决方案。备份软件公司也开始复制我们的路线，试图争夺我们的市场。它们看到了和我们一样的机会，但它们拥有比我们更壮大的规模、更雄厚的资本。

我们探索的另一条途径是进入入门级数据存储市场。除了备份软件产品，还有其他解决数据保护和灾难后恢复问题的方法。NetApp 等一些公司当时就已经在销售名为"快照解决方案"的产品，该解决方案可以对数据卷进行快照，并将其用作备份副本。

Data Domain 公司在其核心业务上的表现非常出色。尽管世界上最大的数据存储公司在每个转折点都向我们发出了挑战书，但 Data Domain 公司每次都能成功接招。然而，我们忙于扩大领先优势，并没有将足够的精力投入更大的战略背景之下。随着市场的快速发展，现有公司对我们技术的转变做出了反应，所有的磁带库和磁盘阵列制造商也参与了这场竞争。他们试图利用现有的产品、技术和员工来与我们比拼。

最终，我们有了扩展核心市场的想法，但无法付诸实施。在 2009 年与 NetApp 的一场竞标战后，Data Domain 公司被易安信公司收购。易安信公司是一个强大的买家，他们已经拥有备份软件，并且是当时世界上最大的数据存储公司。Data Domain 公司借助易安信公司获得了额外的资源后，就进行了大规模的扩展，这也证实了我们的想法。今天，作为戴尔科技的一部分，Data Domain 公司仍然是着一家价值数十亿美元的机构。

尽管 Data Domain 非常成功，但它无法进行战略转变这点一直困扰着我。我整个脑子想的都是公司在机遇、扩张和发展领域方面面临的问题。作为管理者，你需要从第一天开始就花时间评估这些问题，而不是等到事态紧急时才试图稳住局面。

如果当时我没有看到比 Data Domain 公司大得多的机会，我就可能不会加入 ServiceNow。下一章我将讲述自己加入 ServiceNow 的原因和经过。

第 13 章

永不受限，朝着上升的赛道扩张

经历了 Data Domain 公司的那个事件后，我开始复盘自己曾经在战略制定和实施中面临的挑战，不断反思当时本可以或应该采取的其他措施。无论以何种经济标准来衡量，把 Data Domain 公司出售给易安信公司都可以称得上是一个壮举。但我作为一位 CEO，难免会情不自禁地问自己：把公司卖了，是否就意味着放弃了自身的使命？在那之前和后来，我都没有再卖掉过一家公司。

2011 年初，我去面试 ServiceNow 公司的 CEO，这个过程中的种种都影响了后来我对公司经营的理解。自 2004 年以来，ServiceNow 公司在其创始人兼首任 CEO 弗雷德里克·鲁迪（Frederic Luddy）的领导下取得相当大的成就。公司仅消耗了名义资本，就在现金流为正的情况下，做到了每年获益近乎翻倍。

鲁迪和 ServiceNow 公司的许多早期员工都来自位于圣迭戈的百富勤系统公司（Peregrine Systems）。这个雄心勃勃的公司同样曾使用 IT 服务管理软件开展业务，后来在 2003 年破产倒闭。神奇的是，ServiceNow 公司就像凤凰一样，浴火重生，变得更加强大，它使用云端部署的模式，解决了传统服务管理软件本地部署难以升级的弊端。这种情况在软件行业极为罕见。

起初，我并不太了解服务管理软件，更多的是把它理解成"服务台管理软件"或"票务系统"。每当用户向系统提交了一个服务请求或事件时，这个"票务系统"就会自动生成一个跟踪 ID 作为虚拟票证。一开始，这个业务并没有吸引到我，软件行业的分析师和专家也不看好它。在我们看来它就是一个令人昏昏欲睡的无聊业务。甚至有位分析师将其称为"最后一役"，暗指这类业务很快就会完全消失。但经过一番仔细观察后，我发现 ServiceNow 公司具备 4 个值得我深入了解的因素。

高成长型公司的四大要素

第一大因素是 ServiceNow 公司蓬勃的发展速度。截至 2011 年，它一路高歌猛进，成长能力令我震惊。如果一家公司能够做到年复一年地获得如此巨大的收益，那它一定有某些罕见而特殊的特质。

第二大因素是竞争对手的产品不受客户青睐。那时，软件市场中活跃的 IT 服务管理软件商惠普和 BMC 软件公司都有产品老化、系统架构存在缺陷、设计复杂且难以适应新的 IT 环境的弱点，并不能很好地吸引客户。如果你还记得前一章提到的要点——攻击对方的弱点显然要优于攻击对方的强项，那么这里恰巧就体现了 ServiceNow 公司迎来了从不受欢迎的公司那里挖走客户的绝佳时机。

后来，我们曾与几家大型机构的高管们有过几次交流。从言语中不难看出，他们其实是很诚恳地拜托我们开发出新技术以取代他们原有的"工单系统"的。我们回复说，ServiceNow 公司目前还没有做好提供如此大规模服务的准备，但他们却希望我们不管怎样都可以先试一试。我们切身感受到了他们强烈的需求，这个需求是前所未有的。所以不论前进的道路多么坎坷、任务多么艰巨，我们都从未放弃过。

提起我兴趣的第三大因素是与创始人鲁迪的对话。据他透露，ServiceNow 公司不再满足于只做 IT 服务平台，也开始尝试其他不同类型的平台，打算将业务延伸到其他领域。人力资源部门和活动经理对这个平台的喜爱，也无疑证明了 ServiceNow 公司开发的这款工作流平台的绝佳通用性——它可以解决任何服务领域的问题。客户看到了软件分析师和行业专家没有看到的东西：ServiceNow 是一个平台，而非工具。工具只是人们达成某项目的的手段，但平台的用途更广泛且具备各种各样的功能。

这一因素真的非常重要，因为我没有勇气再重新经历一遍 Data Domain 公司当初发生的事情。那段时期，Data Domain 公司的产品市场需求趋于饱和，而我和我的团队找不到强有力的方式来保持和拓展业务增长，所以处处受到掣肘。那种感觉我不想再体验一次。作为 ServiceNow 公司 CEO 的候选人之一，我虽然仅是大致了解它当前发展现状和未来的发展趋势，但却对它展露出的种种迹象感到兴奋。

第四大因素，客户对 ServiceNow 公司的喜爱度。Service-Now 公司的风险投资家曾向我展示了他所在公司去年与客户进行的每一次沟通记录。当然，这个操作程序属于投资者尽职调查的职责范围。客户沟通记录整理成一份文件后足足有 60 页之多，从头到脚都洋溢着真挚而热烈的引用和评论。可以看出，客户不仅喜欢我们的产品，还十分满意 ServiceNow 公司的员工。我很少看到有公司能获得客户的一致认可和高度赞扬。

在决定自己职业生涯的重要关头，人是很难做到事事通晓、面面俱到的，但那个时候我认为自己对 ServiceNow 公司已经了解得足够深入了，所以接下来我愿意全力以赴、尽力一

试。我深知，未来一定会面对来自管理方面的重重挑战，但
2011 年我在 ServiceNow 公司的经历和体会可以帮助我在下一
个 10 年实现持续增长。

适时调整策略，抓住新的机遇

在 ServiceNow 公司担任 CEO 的最初几年里，我们的管理
团队一直沉迷于执行，忽略了战略思考。虽然公司目前的发展
战略没有出现过失误，但也有很多潜力尚未发挥出来，比如财
务部门迫切需要公司资源的支持、销售部门招不到合适的人
员、公司推出的云服务可靠性堪忧，以及工程部门在资源配置
方面乏善可陈。

在服务台管理替代方案方面，ServiceNow 公司与 Data
Domain 公司有着很多相同的优势。比如，ServiceNow 公司是
在原有的基础上持续改进，并非从头创造一个新事物。除此之
外，我们的潜在客户本身就有一个明确目标的采购中心，他们
有预算、专业知识过硬、对产品功能变更的包容度高，更重要
的是，他们还对我们的产品感兴趣。同时，我们的销售代表能
较容易地组织会议或邀请到潜在客户参加现场演示，因为我们
提供的产品与潜在客户之前使用的产品存在极为明显的差异。

与其他任何竞争对手相比，ServiceNow 公司的产品更简

单典雅，还解决了客户最棘手的问题。ServiceNow 公司推出的系统是动态的，所以即便用户不是程序员，也能修改数据库结构、工作流、报告、通知等项目，甚至连 IT 人员创建的事件和其他任务表单的外观都囊括在内。与传统的系统相比，ServiceNow 公司推出的系统简直焕然一新。另外，一名普通技术支持人员也完全可以每天对这款系统进行更改，这种情况在当时的同类软件中可以说是闻所未闻。在 ServiceNow 公司推出这项服务之前，其他公司要么对自己推出的系统改动得非常少，要么就是因为任务太困难、成本过于昂贵、风险高和耗时久等而直接放弃修改。

我们陆陆续续达成了很多笔交易，但规模不大，因为我们只把系统的功能权限授权给 IT 服务台的工作人员。此外，我们的功能集也仅限于信息技术基础构架库（ITIL）框架的几个核心模块。补充一点，ITIL 框架是服务管理领域的行业标准。也就是说，一方面，我们系统可授权的用户较少；另一方面，我们提供给客户的功能不足以满足他们的需求。在我任职的头几年里，加大这两个方面的投入成为我们公司业务增长的重心。

初期阶段，我们一边克服重重挑战，一边迎来了新的战略机遇。我们还第一次尝试去构建公司 IT 的 ERP 系统，我称之为"打开光圈"。所谓 ERP，就是公司资源计划（Enterprise Resource Planning）的简称。以前，我们并不把 IT 视为提供服务的平台，换句话说，过去并不存在全方位的 IT 管理平台。大多数公司基本上都是通过电子表格和电子邮件来零零星星地运行 IT 服务管理系统的各项功能。

尽管我们的想法听起来很刺激，十分具有诱惑力，但实际上却不太可靠，因为当时我们的系统仍然存在许多有待完善的特性和功能，无法将打造 ERP 的想法转变为现实。为此，我们专门设计了一个蓝图，可以往框架里添加缺失的内容以及测试版本，例如 CMDB 配置管理数据库，即一个存储企业数据中心硬件、软件相关配置信息的系统。但我们没有建立起一套完整、成熟、能够立即投入使用的解决方案。

如果我们能说服 IT 主管，将系统的授权范围从帮助服务台上的员工扩大到所有 IT 人员，那我们的市场需求和交易规模就能提升好几个数量级。我们的出发点很简单，就是这个产品不仅可以协助服务台人员处理事件，还能为网络工程师、系统管理员、数据库管理员和应用程序开发人员提供服务。他们都是工作流程中的重要一环，使用我们公司的系统，就能加快各个流程的处理速度，提高工作效率。虽然服务台人员负责把传入的请求发送到能够处理请求的目标处并实时跟踪，但实际工作还需要其他专家配合才能完成，所以我们的平台需要他们的加入。

多年来，ServiceNow 公司努力填补系统方面的空白，逐渐用实际产品替代蓝图中出现的所有占位符，终于一步步将打造 IT 部门的 ERP 的愿景变为完整的现实。因此，客户即使知道我们还有很长一段路要走，也很看好我们制定的战略设计。我们的平台创建了一个内容丰富的框架，并可以容纳许多功能和模块。它就像一块画布，我们未来可以在上面加入更多创意。

此外，我们还面对着一个更棘手的挑战，就是让我们的员工超越"仅为服务台员工构建工具"这个最初想法。我们的一些销售代表很乐意向少数客户出售这款产品，只是他们同样好奇我们追求更宏大战略的原因。我意欲说服大家，确保长久成功的唯一途径就是把我们的产品做大做强。于是，我开始将"helpdesk"（服务台）简称为 Desk，就是想表明"Desk 仅仅是 4 个字母"和"工具是给傻瓜用的"之意。我们的团队必须从心底里认为我们的产品定位就是打造 IT 平台，这样一来公司的价值才能远远超过那些提供工具的供应商。

拓展新市场，将业务拓展到 IT 领域之外

2012 年 6 月，ServiceNow 公司准备上市。由于目光短浅，我们没能看清市场机会，这限制了我们首次公开募股的价值。那个时候，许多投资者根本不相信 ServiceNow 公司能经久不

衰。高德纳咨询公司在我们的首次公开募股路演期间主持了所谓的"炉边谈话"，它告诉投资者们，ServiceNow 公司整个市场潜在价值总计只有 15 亿美元。高德纳咨询公司给出这样的预测实在令人沮丧至极：谁能指望一家公司的交易估值会比其所在的整个市场价值还高？在 ServiceNow 公司成为历史上最大、增长最快的软件公司之一，市值远远超过 1 000 亿美元后，回想起当时的情形，我只能在心中窃喜。所以，从这件事来看，我们不应该一味偏信专家的观点。

时间来到 2015 年，我们除如上所述搭建主要的 IT 平台外，还通过开拓与 IT 管理无关的新市场进一步打开 IT 服务管理领域。值得注意的是，正如前文所述，我们发现人力资源部门对我们的产品接受程度非常高，并需要我们去帮助解决员工的问题。因此，我们还将业务范围延伸到了网络安全领域，将网络安全和 IT 专业人员整合到一个单一的工作流程中。

从个人角度而言，我反对公司添加客户服务支持这项业务，因为它面向的消费者数量巨大，且与我们所追求的任何其他领域有着天壤之别。尽管我认为这是一个遥不可及的目标，但因为我们已经在公司内部使用 ServiceNow 平台来赢得客户的支持，因此为 ServiceNow 平台开辟另一个新市场这一决定获得了内部拥护者的大力支持。最终，我做出了退让，批准了这个提议，结果证明我之前的个人预判是错误的。事实上，我们的平台同样非常适合面向消费者的客户服务支持部门。

随后，我们又将自己的战略定为"全球业务服务"——基本上覆盖所有服务领域的单一数字平台。这样一来，我们的客户就不必为了解决或回答工作中遇到的问题，特地事先在公司中构建导航场景，给其他人指明方向。可以说，我们给传统服务领域插上了"数字的翅膀"。比如，客户不再需要像过去那样打电话或亲自走到人力资源部处理事情，而是可以直接登录公司内部的人力资源网，因为那里整合了包括人力资源的各项任务、信息、问题和重大议题在内的综合资讯。客户能够在人力资源网上找到自己想要的答案，然后创建任务和其他工作单元，供人力资源部门响应和跟进任务。

就像我在关于 Data Domain 公司的发展历程那一章提到的，为了测试新的使用场景和开拓市场，我们成立了一系列新的业务部门。我们之前没想过它们能为公司带来效益，但大多数部门都取得了好成绩，而且也都坚持了下来。时至今日，ServiceNow 公司仍通过将产品延伸到与 IT 相关的新领域，实现大规模高速增长。

在 Data Domain 公司时留下的挥之不去的执念导致我们在 ServiceNow 公司更加注重公司的增长和扩张工作，取得的成果也超出预期。我们再也不想陷入市场枯竭的战略困境了。

我们将"打开光圈"视为高度优先事项，这是一项正确的战略，因为我们的竞争对手，比如澳大利亚软件公司艾特莱森（Atlassian）、客户服务软件提供商 Zendesk 公司、IT 服务管理公司 Cherwell 公司等许多公司，都对我们穷追猛赶。

我们最大的战略威胁是客户关系管理软件服务提供商 Salesforce 公司。它曾明确表示，我们若进军它称之为"服务云"的领域，将被视为向它宣战。如果我们在服务台票务系统服务器的行业定位比其他同类型公司更广泛，那我们在 Salesforce 公司心中的威胁等级又会再升一级。我们当时正将 IT 服务模型引入 Salesforce 公司也想要开发的新领域，提出了"客户服务需要团队协作"的口号，鼓励各公司与相关参与者加入我们的工作流程中。因此，我们相对于传统竞争对手的主要优势就是将所有相关参与者纳入一个工作流程中。而其他供应商虽然培训了自家客户服务部门如何去使用 IT 服务台管理系统，却忽略了其他那些同样要参与事件、问题或任务处理的部门。

回首过去，我们的战略为我们修建了一条牢不可破的护城河，挡住了那些想要进入服务管理领域的竞争对手。他们中的许多人认为自己可以建立起一个优质的服务台或服务管理产品来与 ServiceNow 公司一较高下，但他们却没想过，Service Now 这款产品发挥的作用不仅限于服务一个单一的服务台，它的强大之处更来自其衍生的所有增值模块和子系统。

以上这些就是 ServiceNow 公司如何在激烈的竞争中找到喘息的空间，去巩固和加强其在 IT 服务管理领域长期地位的战略。归根结底，真正的关键不在于你究竟能把产品的范围扩展得有多大，而在于你能否抓住自己拓宽的新市场。

第 14 章

破釜沉舟，将潜力发挥到极致

我于 2019 年 4 月加入 Snowflake 公司时，它面临着重大的运营挑战，同时也面临巨大的机遇。在战略转型的第三个案例研究中，我将回顾该公司是如何从最初的定位发展到更加广阔的舞台上的。我们已经看到拓展潜在市场对于 Data Domain 公司和 ServiceNow 公司的重要性。Snowflake 公司与这两家公司面临类似的挑战，只是所面对的问题和情况各不相同。

我刚上任的时候，公司正处于强劲的增长阶段，所以我认为我们有足够的时间为未来做些准备。但随着时间的推移，我们很快明白，早期要采取的战略举措不应仅仅是为了抓住未来的机遇。但是我们甚至几乎没有及时实施这些战略，也没有充分意识到它们的重要性。

这体现了战略发展的一个真理：你需要在市场变化之前充分思考。当战略转变的势头变得不可抵挡时，就已经来不及控制局势了。预测市场和更新自我定位是非常有必要的。即便你什么都不做，一切也还是会发生改变的。你如果贪恋现状中的舒适感，就会失去向前迈进的动力。

未雨绸缪，才能一举抓住机遇

Snowflake 公司的产品于 2015 年开始上线使用，最初的定位是数据仓库[①]，其概念类似于天睿资讯、Netezza、甲骨文公司和微软公司提供的数据仓库，但它是专为亚马逊云计算服务和微软 Azure 等云计算环境构建的。Snowflake 公司专门提供了一个更好的架构来取代现有的数据工作负荷平台，该架构实现了性能的巨大提升，丰富了客户的体验。当时，各大公司正在努力应对其传统数据平台的工作负荷容量和性能的限制，这些数据平台都是在各公司自己的数据中心内运行的。

当时的情况对我们来说，既有积极的作用，也有消极的影响。好的一面是，Snowflake 公司很快与一个可识别的细分市场联系起来，这大大促进了我们的销售和营销工作。潜在客户

---

① 数据仓库：指为公司所有级别的决策制定过程提供所有类型的数据支持的战略集合。——编者注

能够了解公司的创立目的，而且这个细分市场里的重要公司和机构的决策者可能会被说服转向新的数据仓库。

但不利的一面是，随着人们将 Snowflake 公司的产品视为数据仓库，公司的市场机会就会逐渐受到限制。尽管 Snow-flake 公司以惊人的方式突破了这些限制，但它的发展还是为数据仓库的潜在局限性所束缚。

我们原本可以轻松地坚持一贯有效的做法，但这会使我们沦为"定位"的受害者。不知不觉中，这一定位将 Snowflake 公司与其市场的限制性联系在一起，使其局限于数据仓库的现状。我们需要的是一个更具前瞻性的品牌，以与我们广泛的平台功能相匹配，而这些已经远远超出了基础数据仓库的范畴。

好消息是，我们具有前瞻性的客户鼓励我们超越现状。他们希望尽可能在雪花平台上完成工作，包括涉及数据操作和事务处理能力的混合工作负荷。他们不想在多个平台上分散数据，这会让数据管理工作变得更烦琐，造成数据孤立的问题，并增加运营的复杂性。

2019 年末，我们推出了一项新战略——数据云，但我们没有打算停止数据仓库服务。数据云将继续扩展客户的运营能力，并解决遗留的数据仓库的工作负荷相关问题。传统的数据仓库平台是单一集群架构，这极大地限制了它们对相同数据运行并发工作负荷的能力。此外，它们也无法独立扩展存储和计算能力。然而，Snowflake 公司轻而易举地做到了这一切，这极大地扩大了它的规模，增强了对客户的吸引力。

Snowflake 公司最早是凭借出色的工作负荷性能吸引客户的。公司的另一个重要卖点是能够"联合"数据，这意味着你拥有一个雪花账户，就可以融合和覆盖其他共享账户的数据。雪花平台是从头开始构建起来的数据共享平台；任何拥有雪花账户的用户都可以进入这个名为"数据云"的海量数据世界。这个数据世界不会有摩擦，因为数据不需要被复制；也不会有延迟，因为雪花平台查询的是原始数据，而不是副本或派生数据。当数据源发生变更时，引用该数据的任何内容也会同时更改。

Snowflake 公司联合数据的业务十分具有开创性，因为当时数据存储和计算尚未迁移到云系统。Snowflake 公司的技术成熟后，开始提供大规模云基础设施，服务对象包括亚马逊云计算服务和软件开发平台等公司，以及 Salesforce、Workday 和 ServiceNow 等应用云平台。但对大多数公司来说，数据仍然是分散的、零散的，难以整合。一些关键信息分布在各个地方，如员工的个人电脑里。

这种现状让公司的首席信息官们抓狂。随着数据工作负荷需求的不断增加、问题的不断复杂化,数据的零碎处理越来越让他们头疼,甚至成为他们管理工作中的"噩梦"。数据孤岛需要消除,否则数据科学将处处受阻,其严谨性也得不到保证。这使得更多的人关注我们对于数据云的宣传。

除数据云之外,Snowflake 公司的另一个增长领域是"数据市场",它能为客户搜索、浏览、发现、探索并测试其他方提供的新数据。数据市场将汇集各种特定行业信息的供求数据,如经济、人口统计、供应链和特定于行业的数据。这样一来,收集和分析数据的公司更容易向目标受众推销他们的产品,然后轻松地使用消费实用新型①进行交易。客户只须为自己使用的东西付费,而无须获得许可证或长期支付订阅费。

例如,如果你的消费品初创公司需要堪萨斯州威奇托市所有已婚夫妇的邮寄地址,消费者数据提供商可以提供这项数据,快速而简单地从他们的雪花账户上发到你的账户。各行各业关注的重点是,如何通过添加来自其他数据源的属性来丰富自己公司的数据。

随着可编程性的提高,数据云得到了进一步扩展,这意味

---

① 实用新型指对产品的形状、构造或两者结合所提出的适于实用的新的技术方案。——编者注

着可以使用软件代码在雪花平台内处理数据。这将 Snowflake 公司的业务范围扩展到了数据应用平台。这是数据云的自然发展，其将进一步扩大雪花平台为各地公司和机构提供的业务范围和服务。我们的战略建立在创造持久的价值之上：数据云一旦形成，就会有越来越多的数据进入平台，对软件开发人员来说，访问这个生动、丰富的数据世界也越发有吸引力。

高瞻远瞩，拓宽目标市场定位

经营一家公司有点像打扑克牌，很难预测你会不会摸到好牌，但更重要的是，你是否能发现你手中牌的潜力。这些牌将决定你的战略选择——在每轮一手牌时叫牌、加注还是弃牌。

Snowflake 公司本可以坚持己见，将数据仓库工作负荷作为其核心和唯一的业务。我们如果以这种方式来制定战略，最终会很难感知自身的价值和潜力。

当你决定如何打手中的牌时，请记住，这不仅仅关系到你当前潜在的市场规模。我们都明白，潜在市场的规模越大越好，但问题是，这个潜在市场在几年后到底会拥有多大的规模。当外部环境发生变化时，对于没有潜在市场以供发展的公司，往往只能等着被收购或采取其他铤而走险的办法。

这里有一种解决方案，那就是将你的市场重新定义为更大市场的子集。例如，台式计算机的市场已经萎靡不振，但成功扩展到笔记本电脑和平板电脑业务的台式机制造商却在蓬勃发展。如今，整个计算类别要广泛得多。同样地，我们期望，数据仓库最终能成为更广泛的云数据操作类别的一个子集。

这就是 Snowflake 公司对服务台和服务管理市场所定的规划。人们现已不再购买服务台或服务管理作为独立产品，服务台和服务管理市场的定义也变得更加广泛，包括运营和资产管理、配置管理和许多其他服务领域。

这就是 Snowflake 公司能继续发展、重新定位以及投入更多赌注的原因。这些挑战对我们的工程团队（他们必须为更加雄心勃勃的项目议程提供资源）及我们的销售和营销人员（他们必须大幅改进营销策略和销售行为）来说意义深远。

当你面对类似的情况时，请记住，你越早为拓展新市场奠定基础，就越容易解决这些挑战。

来自顶尖企业家的
提效锦囊

1. 如果你贪恋现状中的舒适感，就会失去向前迈进的动力。

2. 经营一家公司有点像打扑克牌，很难预测你会不会摸到好牌，但更重要的是，你是否能发现你手中牌的潜力。

3. 当外部环境发生变化时，对于没有潜在市场以供发展的公司，有一种解决方案，那就是将你的市场重新定义为更大市场的子集。

AMP IT UP

第六部分

释放内在力量，成为伟大的软件企业家

LEADING FOR HYPERGROWTH BY RAISING
EXPECTATIONS, INCREASING URGENCY, AND
ELEVATING INTENSITY

The most valuable leaders are those who can combine the scrappiness of a start-up leader with the diplomatic discipline.

那些可以将昂扬的创业斗志与公司所需的规章制度完美结合的人，才是最伟大的管理者。

第 15 章

将自己当作产品来打磨锋芒

你满意自己在事业上取得的进步吗？你能进步得再快一些吗？也许可以。大多数人会随意改变自己的职业，一旦碰到新的职场机遇，他们就从一个角色转换到另一个角色。但更有目的性地规划自己的职业生涯可以激发你前进的动力。作为一名曾在多家成功公司雇用数千名员工的CEO，我见证了很多人获得职业生涯的腾飞，但也看到相当多的人走上了歧途，陷入职业停滞，或者遇上更糟糕的情况，走在自我毁灭的悬崖边缘。弄清楚这些问题出现的原因可能对我们很有启发。

专业人士亦是专业的产品，所以我们要负责管理好自己这个产品，接受各种教育、培训和历练来进行自我开发。你的履历就是你过往工作经历的缩影，切记要不断打磨和抛光它，确保它能给人巨大的冲击力，留下深刻印象。

在这个市场上，问题的关键不在于你是否达到了这个岗位的合格线，而在于你是否比其他候选人更有资质。是什么造就了一款称心如意、引人注目的产品？一款让人印象深刻的产品？以下是我整理的观察结果，即哪些事情可能会对你的职业生涯造成重大影响。

教育经历固然重要

一个人要想培养识字、算术，以及学习、观察和分析方面的综合能力，必须接受严谨的学术教育。现在，应聘各家公司的员工通常需要获得全日制大学的学士学位。有些人纵然有能力、有才华，却因为没有本科学历而难以进入职场。有个别行业，比如投资银行、风险投资和管理咨询，的确看重的是好文凭这个名头带来的吸引力。但大多数雇主并不在意你的学校排名有多高，因为吸纳名牌大学的毕业生需要耗费更多的成本，大多数公司更愿意一改他们过去对待毕业生的刻板观念。

现在很流行工作几年后重返校园攻读工商管理硕士（MBA）。许多人陷入职业低谷的时候，会认为攻读 MBA 可以帮助他们摆脱困境，商学院也很希望大家相信这一点。当然，拥有一所好大学的 MBA 学位能让你的简历增色不少，但到手一个 MBA 学位要付出的代价不仅仅是损失两年薪水，甚至可能包括错失的良机。比如，你如果选择离开职场重返校园，就意味着你可能会在那段时间里在工作上落后于同龄人。

工作经验更难能可贵

　　求职者脱离学校的时间越长，雇主越倾向于看重他们的工作经验而非是否接受过更高层次的教育。如果这时你想重返校园，你要思考的问题就是：继续接受教育会给你带来什么？进入职场 10 多年后，大多数人根本不在乎 MBA。比起聘请拥有研究生学历的求职者，雇主更青睐那些能为公司创造高效益的人。所以，在你最终决定脱产攻读任何硕士学位之前，最好三思而后行。

　　慎重记录你在简历上的每一笔成就。如果你的简历上罗列出了你曾经担任的职务，但都没有突出的成就，那这可能会影响你求职成功。最开始，你的身份可能是"乘客"，而非"司机"。为了避免职业稳定性遭到怀疑，特别是当你无法在每一份工作上列出具体成就的时候，尽量避免把连续多份的短期工作经历写在简历上。仅凭短短一两年的时间就想要在职场中有所建树，绝非易事。你可能对自己所扮演的角色不满甚至感到沮丧，但不妨试着坚持一段时间，争取有所成就。

　　雇主看到一个人在短时间内有多份工作经历时，难免会认为这个人自我定位模糊，或者是那种经常会与管理层发生冲突的人。雇主可能会把求职者一次的短暂经历视为偶然，但多份短期工作经历在他们眼中就成了一个很危险的信号。我最短的一份工作维持了将近 3 年时间，其他工作的时长基本长达 5 ～ 7 年。

我们可以从一个人的工作经历中看出他是否具有能力，但并不代表经验丰富就胜过一切。曾经在成功公司工作过的人常会受到工作氛围的影响，被卷进公司高速发展的漩涡当中。来自优秀公司的员工身上会带有原公司光环的加持，所以雇主很难将公司的成功与员工个人的成功区分开来。我们曾经就遇到过这样的"误会"，把一些"乘客"当成了"司机"招进公司。

与他人相反，我总是对那些经历过公司倒闭的求职者感兴趣，好奇他们从这些重大的危机中得到了什么启示。太过轻松地取得成功不一定能给人以启迪，人类总是从自我挣扎和失败中吸取教训。你只有从过去的经验中有所领悟，并且将收获的启发带入下一个岗位，才能对未来的雇主有所帮助。因此，无论你之前经历了多么让人失望的事情，都要深入分析事情的前因后果，客观而有条理地将它们一一呈现出来。

天赋最为关键

所谓天赋，就是你在某些事物或领域与生俱来、天生擅长的能力。雇主虽然可以给你一些工作方面的经验，但无法给予你能力。其实，人们可以通过工作经历向雇主展示自己的天赋和才华，但有些招聘经理却没有精准地从求职者的工作经历中理清并辨别出他们所擅长的东西。我接受过很多次采访，但从未有人问过我："你认为自己擅长什么？"但这个问题是我作为招聘面试官，向前来应试的求职者询问的第一个也是最有趣的问题。

如果你缺乏与所申请的职位相关的工作经验，不妨试试将话题引向个人能力。比如，阐述你认为自己能够胜任这个职位的理由。智慧型管理者通常会选择经验不多但能力较强的求职者。相反，糟糕的管理者为了将风险降至最低，会优先录用有更多相关工作经验的人。这种选择或许相对安全，却未必是最佳选择。

优势的反面就是劣势。你是否具有清晰的自我认知能力，可以全面透彻地谈论自己的局限性？人无完人，每个人都会有劣势，但大部分人往往会对自己的弱点避而不谈。在他们眼中，任何关于弱点的面试问题，背后都隐藏着陷阱。但优秀的管理者知道，如果求职者足够自信，可以坦诚面对自己的弱点，如实相告，那留给管理者的印象一定不会差。拥有清晰的自我认知的求职者会格外吸引人。

硅谷经常面临人才短缺的情况。对雇主来说，遭遇人才困境时，在求职者的天赋上赌一把是一种很好的招聘策略，尽管这种策略的稳定性不高。你可以在员工职业生涯的发展曲线开始变化之前雇用他们，激励并帮助他们承担新责任、接受新挑战。

性格决定命运

如果一个人性格活泼、精力充沛且富有魅力，那他能在职场中发挥很大作用，在各个领域亦是如此。例如，在政治领域，一个人自身的性格似乎可以盖过他的资历；尽管在工程和金融等技术领域这种情况很少见，但性格有时甚至能弥补资格证书上的不足。此外，在某种程度上，所有人都在团队中工作，作为团队中的一员，与他人分工合作的能力一直尤为重要。

几年前，在我们还没有准备好开拓一个新地区市场时，有一位销售人员前来面试。正当我们要告诉这位候选人，他申请的这个岗位可能不会很快出现空缺时，他向我们表达了自己的强烈意愿，他说他现在必须得到这份工作，他妻子甚至告诉他："没找到工作就别回家了！"我们怎能将他对这份工作的渴望拒之门外呢？我们当即就聘用了他，而他后来果真成了一名出色的销售人员。性格决定命运，此言不虚。

　　当你思索自己性格的哪些方面占据主导地位时，最好也要慎重考虑自己准备加入的公司文化。有的人可能非常适合某个岗位，但换一个岗位情况就会发生翻天覆地的变化。如果你去应聘一份工作，那么在面试时能问出的最好的问题就包括：这家公司里，哪几种性格类型的人成就最高？哪种性格类型的人总是没有亮眼成就？出现这两种极端的原因分别是什么？

　　许多年前，我曾去一家大型软件公司参加总经理一职的面试。我的资历与那个职务十分匹配，但那家公司认为我紧绷、强硬的工作风格会给他们带来麻烦，所以拒绝了我的申请。我一度因为这件事情十分沮丧，但后来我便慢慢意识到他们当初的选择是对的。他们践行的是"低调"的公司文化，在那种环境下，即使大家的工作效率不低，我应该也很难开心起来。但话又说回来，我虽然因为性格的原因不适合那家软件公司，却因此惊喜地发现自己更适合在快速增长型公司里一展身手，比如正处在创业初创期、转型期和规模扩大期的公司。

　　初创公司通常需要锐意进取、充满激情的管理者，他们往往以目标为导向、以成就为中心，这些人在制度僵化、发展较慢的大型公司中很容易受挫。我们常常喜欢那些会在心中憋着一股劲儿的人，因为他们急于向自己和他人证明自身价值。不过，不难看出，这种性格的人不太受他人待见。

　　在众多职场文化中，"搞特殊"是一个十分严重的信号。我们往往更喜欢那种性格随和、不张扬做作、不需要上级过多关注就能自己把工作做好的人。拥有诸如做事细致周到、有很强的责任感和紧迫感、不给自己找借口等性格特征的人也更受重视。那些不为失败找借口，坚持把事情做完的人，更符合我们招聘管理者的标准。

　　面试中，如何回答关于性格的问题一直以来都是一个棘手问题，大家给出的建议一般是："做你自己，不要伪装成别人。"在某种程度上，这句话有一定道理，但你必须提高自己的口才，在别人面前推销自己时，要像是描述另一个人一样。找准自己的定位并把自己像产品一样推销出去并不容易，因此你需要多多练习。真实做人、真诚做事这种特质固然特别吸引人，但这并不意味着你可以信口开河。

　　公司招聘员工时总会遇上各种各样的风险和不确定性。像其他经验丰富的管理者一样，我曾经雇用了一些在短期内经历过失败但资历匮浅的人。这也是为什么许多招聘经理愿意相信自己的直觉，把那些经验较少但天赋和潜力巨大的人招进公司。在这些情况下，一个人的性格通常能打破僵局。我们注意到，那些渴望胜利，态度谦逊，不允许自己失败的人往往是一个不错的选择。

让沟通能力成为你的闪光点

有一项可以促进职业生涯发展的综合能力经常被忽视，即良好的书面沟通和口语表达能力。你最近看了多少封冗长而杂乱无章的电子邮件？关于那些邮件发送者异常凌乱的思绪，你又厘清了多少？你读了多少条把真正重要的消息淹没在一大堆琐事之内的公告？

掌握一种高效、直截了当的写作风格能在职业生涯的各个阶段助力你的发展。不要张口就说"我不擅长写作"，你可以培养这些技能。世界上有很多可以提高你商业写作水平的书籍、音频和课程。因为英语并非我的母语，所以我不得不花费多年时间来学习这门语言，我知道，学习一定能让我的语言能力得到明显提升。

对于任何层次的管理人员来说，口头表达都是一件大事。如果你无法在大大小小的群体面前表达自如，甚至不能表达清楚，你的职业生涯很容易陷入停滞。许多人一定都很害怕公开演讲，但克服恐惧的唯一方法就是去面对它。偶尔一次的练习是远远不够的，你要尽可能频繁地练习演讲，最好每周几次。慢慢地，你就会克服对演讲的恐惧，能更好地与观众交流互动，到最后你甚至会享受其中。

杰出的演讲能力可以让你演讲的主题得到观众们的认可，提升内容的权威性，并将你想要传达的信息和依据准确地传达给听众。除了上述这些基本要求以外，你可以试着塑造一种适合自己的演讲风格——一种能让你在舞台上从容自如甚至尽显权威的风格。达成这一目标可能需要花数年时间去尝试，但却值得我们不懈努力。

就拿我个人举例吧，我的演讲风格现在发展成了与观众对话的模式。演讲时我就感觉自己好像并不是在数百人面前演讲，而只是在办公室里和几个人聊天和讲故事。在演讲中，我会先向观众说明自己想要传达的观点，然后用故事来阐明自己的主张。我一般会选易于理解的故事，因为这样讲起来很生动有趣，而且能给观众留下深刻印象。如果你在生活中及时把一系列实用的事例记录下来，并不断往每个分类中添加新的故事，那你的材料就不会过时。同样，你也可以适当地在讲述时调整故事部分的语言风格，增加幽默元素，吸引观众的注意力，为你的演讲增添光彩。

无论你在演讲过程中做什么，都不要逐字逐句地朗读屏幕上的文字，这么做会让你迅速失去观众。演示文稿的最佳用途是作为视觉辅助的工具，而非演讲者借以支撑的拐杖。你的演示文稿里可以不带任何文字内容，仅用于放大视觉符号。

坚持长期主义

大多数人在刚开始职业生涯的时候，根本不清楚自己人生的终极目标。你想成为什么样的人？大多数求职者的个人简历都反映了其在换工作期间的投机主义想法，他们看起来漫无目的，像是在随机换工作。回过头想想，我们要在前进的道路上合理地做出所有适合自己的选择，确实很难。

"终局思维"将有助于你同时打赢速决战和持久战。如果细细研究自己敬佩的那些成功人士的过往工作经历，你就会发现，每一次短期的工作变动都能推动他们顺利晋升。每个岗位都会给你带来新的机会，与鼓励支持你的人建立新的指导关系，他们会帮助你巩固同事间的人际关系网络。因此，你应该根据当前这份工作会为你带来的长远价值来评估它，而不仅仅只盯着眼前的好处，考虑的因素可涉及方方面面，比如薪水、地理位置、公司在业内的地位或者与亲友工作地点的远近。

我见过一些人，他们在 5 岁时就知道自己想当 CEO，但我并不建议你也像他们这般痴迷。你可以随时调整自己的长期目标，而且大多数人也都是这样做的。但不管如何，你始终要从长远角度思考你的职业生涯，并以前瞻性的眼光来做决定。清晰的目标能给人带来巨大的力量。

不要过分在意头衔和薪酬

头衔和薪酬是专注于长期目标的自然而然的结果。大学毕业后的前 10 年左右，不必过多担心你的薪水或职称问题。这10 年工作会为你的职业生涯打下坚实的基础。如果你在一家很好的公司或是一个很好的行业做着没有前景的工作，那么从长远来看，一个花哨的头衔和一份丰厚的薪水并没有什么意义。

首先，地理位置曾经是影响大家择业的一个重要因素，但随着远程工作和视频会议的出现，办公位置的重要性大幅降低。我曾在密歇根州待了 10 年，从事的是科技领域的工作。其实那个时候我应该直接去旧金山湾区，但我选错了工作地点，这极大地阻碍了我未来的职业发展。如果我想从事汽车行业，密歇根州就是个很合适的地理位置，只可惜我的目标是科技领域。

其次，最好先加入管理体制完善的优秀公司。我通常建议应届毕业生不要急着加入初创公司，因为那里可能会有很多陋习。初创公司可能各方面都很不成熟，且不乏没有礼貌的人。在硅谷，人们通常称这类人为"缺乏管教的大孩子"。刚工作时，人们都希望把全部精力投入目前所从事的领域，以学习更多相关知识，这能为他们日后当上管理者奠定基础。如果你在初创公司工作，要实现上述目标变得十分困难，所以不要太沉溺于自己可以通过股票期权一步登天、取得成功的幻想之中。

在漫长的职业生涯中，你可能会在不同公司或者同一家公司的不同岗位之间游走，经历各种各样的工作，头上顶着无数头衔，拿着不同的薪酬待遇。所以你迈出每一步时都要深思熟虑，要目标明确，别总想着走捷径。甚至有的时候，最好主动在头衔或薪酬方面后退一步，以此打开一条更好的前进道路。你身边的同龄人可能或多或少会影响你的职业决策，但你的人生在你手中，做你自己，为自己的人生之舟掌舵。永远不要用"让朋友投票"这种方式来为自己谋划。

以平和的心态迎接竞争

很多人建议毕业生去"追寻心中所爱"，但如果你不顾一切地追求梦想，总觉得一切都会好起来，那真与疯子无异了。没几个人可以美梦成真，但我们至少有机会获得自己为之努力、拼搏和奋斗的东西。你不妨选择一个上升空间大的行业，将那些不太现实的梦想变成业余爱好，比如打篮球、航海、演奏音乐或绘画等。

你可以尝试去面对工作中的竞争，而非一味逃避。当然，竞争可能会让你疲惫不堪、痛苦，甚至心生恐惧。但这些磨难却能以一种不可思议的方式磨炼和培养你，最终成就你的职业生涯经历，而未来的雇主也会重视你付出过的努力。要学会在关键时刻扛起责任，在紧要关头解决难题。你越远离公司的"一线"（离竞争最近的地方），你的职业发展就越缓慢。随着时间推移，你会万分感激自己曾经走过的那些艰难岁月。

不要给自己的职业生涯"埋雷"

别人对你的评价最能为你的职业生涯赋能。老板、同事和下属都会对你的工作态度有着强烈的主观看法。精明的管理者知道，对于任何远超入职门槛的人来说，进行再多的面试都比不上一次详尽的背景调查更能如实了解候选人的真实情况。

把你周围的每个人，比如老板、同事和下属，都视作可能会对你未来产生影响的参考对象。他们会怎么评价你？当然，首先，也是最重要的，就是你是否有所成就、是否改变了大局或对所在公司产生了实际影响。其次，他们会谈到你是否尊重和体谅公司中的每一位员工。有时候，一些微小的善意会让受到帮助的人铭记很多年。也许有朝一日，在大厅里工作的那个女人就成了你想争取的工作的招聘经理。这是长期决策可能产生长远影响的另一个体现。

有时候，无论你付出了多大的努力，自己的职业生涯都可能会在某个节点上停滞不前。对于那些处在合适岗位的职场人来说，他们陷入职业低迷通常是因为没有进入一个持续发展的行业或一家蓬勃发展的公司。在充满活力、不断发展的公司和行业中工作，人才就像搭上了晋升的"快车道"，他们往往会在准备好应聘新岗位之前就获得提拔。但如果你发现自己正处于相反的情况，就必须主动改变自己的职业轨迹。我就曾做过类似的事。

你要与自己的直系属领导定期进行职业复盘。好的公司和优秀的管理者会主动这样做，因为他们想了解你想要什么，以及如何把你留住。在传统型公司，领导一般每年都会和自己的下属进行一次关于职业发展的对话。在快速发展型公司，这种对话可能一个季度就进行一次。假如你根本没有收到过上级的约谈邀请，即没有与你进行职业发展的实质性对话，那你的处境就很危险了。你最好主动向上级申请一次这样的谈话。

在这样的对话中，你首先要强调你对公司及其使命的承诺，因为这表明你有成为管理者的潜力，愿意留下来为公司长期服务，而不是一个会因为谁出价最高就跳槽的唯利是图者。切记，不要提你接到了多少公司的面试电话，因为那并不罕见。上级找你谈论有关这方面的话题只代表你有可能获得晋升，不代表你有资格提条件，公司不欠你一个升职的机会。求职是一个双向选择的过程，这笔交易的达成需要双方都满意才行。

有一种观点认为，员工在每一个关键时刻都要尽力跟雇主谈判，来最大限度地提高长期收入。就我个人而言，我从来没有这样做过，也没有这个必要，因为我不想与我的雇主建立一种纯粹的交易关系。但有时候，确实有必要为了争取利益和雇主讨价还价。有时你会因受轻视或遭到不公平的对待而选择跳槽。但请先向雇主表达自己的感受，如果雇主重视你的价值，他们会倾听并且回应你。如果他们对你不理不睬，这样的态度本身就是一种有价值的回应。有时候，你可以通过一次建设性的谈话获得更好的工作环境，拿到合理的薪资待遇。

经验或天赋不太可能会严重影响甚至扼杀你的职业生涯。毕竟从理论上来说，大多数人都是普通人。你的职业生涯最终取决于你的态度和行为，它是一种选择的结果，不是要一套技能。如果你不能与同事通力协作，或者无法为自己的项目负责，不久你就会被视为"麻烦"。这不仅仅是一种负面标签，还会降低你在他人心中的印象分，甚至带来消极的后果，其他人可能会慢慢开始避免在团队项目中与你合作。再过不久，你的雇主在别无选择的情况下，只能解雇你。所以，如果你曾经收到过关于需要调整态度的反馈，请一定要严肃对待。

正如我在前文提到过的，大多数公司都有"乘客"和"司机"，"乘客"迟早会遇到麻烦。无论你在会议上表现得有多积极，或者制作的演示文稿有多精美，等到裁员的那一刻，雇主也绝不会心慈手软。归根结底，你所能做到的是尽力让自己不被淘汰。那些只是擅于做好表面功夫而不是为公司增加价值的人，终会出局。

第 16 章

为公司赢得未来，
成为卓越的软件公司 CEO

本章包括两个重要专题，最适合 CEO 和他们的顾问阅读。当然，那些还没有当上 CEO 但志在于此的人也可以看看，或许会获得一些启发。

继任创始人的挑战

目前，有些初创公司在发展过程中倾向于让其创始人担任 CEO，但这种做法存在争议。近几年，在硅谷，创始人的地位一直都很高。历史上，一些最成功的公司多年来一直由其创始人领导，比尔·盖茨、史蒂夫·乔布斯、马克·贝尼奥夫（Marc Benioff）[1]、拉里·埃里森、黄仁勋都是伟大的领军人物。

---

[1] 马克·贝尼奥夫曾任甲骨文公司副总裁，后创立 Salesforce 公司，著有《Salesforce 传奇》。贝尼奥夫在该书中记述了他的创业经历，揭开 Salesforce 高速发展背后的 9 大关键法则，该书中文简体字版已由湛庐引进，中国纺织出版社出版。——编者注

但这些例子并不能说明，所有的初创公司都能在创始人的手上发扬光大。因此，没有一个解决方案是普遍适用的。有些创始人能成为伟大的 CEO，有些则不然。一般来说，找到一个有想法的创业者要比找到一个有执行力的管理者更不容易。但最不容易的是找到同时具备这两种技能的人。

如果你是 CEO 而不是创始人，那你也许已经经历了接手杰出开拓者的工作时的各种不适应。我以经营者的身份待过几家公司，这样的感受我已经经历过好几次。一些创始人根本没有 CEO 的雄心壮志，这样接手工作就会变得比较简单，就像我在 Data Domain 公司和 Snowflake 公司的时候。还有一种情况是，遇到一位担任 CEO 很长时间的创始人，他们不愿意交出控制权，就比如 ServiceNow 公司的创始人。

虽然我只是 Data Domain 公司的第 22 号员工，但那时公司已经运营了 18 个月。即使在公司创立的早期阶段，我也能感受到员工们对以往日子的怀念，那时我们还没有开始向单个客户销售单个产品。Data Domain 公司的首席创始人李凯博士在休假期间创办了这家公司，但后来不得不重返教学岗位。在前 18 个月的时间里，李凯既当老板又当员工，终于顺利维持住了公司的正常运作。但现在，秋季来临，在他即将返岗之前，董事会需要招聘到一位 CEO。Data Domain 公司需要一个能将公司潜力转化为蓬勃发展的业务的人。

相比之下，在我进入 ServiceNow 公司之前，它已经在其创始人弗雷德里克·鲁迪的领导下发展了 7 年。ServiceNow 公司已经有了实实在在的收入、250 名左右的员工、坚实的客户基础和发展轨迹。ServiceNow 公司也是一家圣迭戈的公司，与"硅谷"的起源有关，也是位于北部的"邪恶帝国"。这家公司有着一种古怪的南加州生活文化，许多员工在黎明时分冲浪，全年穿着短裤和人字拖。当我带着完全不同的心态在硅谷出现时，他们感到震惊。全速前进、全副武装，执行力就是一切，商业就是战争——你可以想象，当全公司都达成以上共识后，工作进展得会有多顺利。

Snowflake 公司与 ServiceNow 公司的情况不同，因为我不是从创始人那里接手的，而是从另一位 CEO 那里接手的。当时，Snowflake 公司拥有一款出色的产品，而且发展迅速，所以我的前辈鲍勃·穆利亚（Bob Muglia）在员工中很受欢迎。他每周积极地举行全体员工会议，每年动员大家参加滑雪之旅，带领整个公司前往太浩湖。他作为领导还有什么可被员工挑剔的呢？但董事会的大多数成员都希望有一位新的 CEO，将所有这些事情做得更好。为帮助公司渡过难关，鲍勃做出了很多贡献，但公司现在所面临的挑战是最大限度地发挥 Snowflake 公司的潜力。

我加入 Snowflake 公司时，该公司的盈利规模与 Service-

Now 公司差不多，但其员工人数是后者的 4 倍。ServiceNow
公司一直缺乏资源，但 Snowflake 公司的资源严重过剩。这是
Snowflake 公司的状况使然：筹集大量资金，无限制地支出，
开不完的庆功会。因此，我采用了一种更为严肃和严格的方
法，就像是泼了员工们一盆冷水，让他们清醒过来。

谨慎做出改变

我从 Snowflake 公司那里得到的一个重要教训是：如果你
是 CEO 而非创始人，不管你进入之前公司的情况如何，都要
格外小心谨慎。至少对我来说，最困难的是抑制自己即刻改变
各种公司文化的冲动，因为我在解决问题的过程中始终能感受
到公司文化所带来的巨大压力。但我不得不去改变，毕竟，除
非有重大问题发生，否则董事会永远不会聘用新的 CEO。现
在的挑战是，在不违背创始人意愿的情况下，解决公司存在的
种种问题。

首先，你要意识到自己不是创始人，而且永远也不会成为
创始人。至少在一开始，许多员工会把你看作一个不速之客。
毕竟，创始人已经通过他们的努力获得了近乎神话般的地位，
你出现在这里的意义是什么呢？老员工往往最怀旧，他们会不
断地重温过去的温馨时光。回想起来，过去的日子总是比当下
更让人感触。

其次，你的一言一行都要体现对创始人的尊重。你来到公司是为了帮助他们实现最初的愿景的。作为 CEO，你可能会得到大量的赞扬或指责，但无论如何，你都要尊敬创始人。他们为公司付出了许多，值得这份尊敬。一些创始人在情感上确实需要员工和客户的持续认可或者赞赏；还有一些创始人即使已经转为顾问或董事会成员，依然会将公司视为自己的"孩子"。即使你遇到的创始人不是自我驱动型的，也要去结识他们，这将有助于让员工们明白你对创始人是欣赏的，不会让他们觉得你的管理是一场以自我为中心的权力争夺之旅。

如果你能掌握这一微妙的平衡，让创始人对你赞赏有加，你就拥有了巨大的优势。创业板市场往往由风险投资者主导，他们很容易被创始人关于新 CEO 的言论影响。风投公司关心他们在创始人群体中的品牌形象，而不太在乎运营管理人员的想法。风险投资者认为成功的创始人是稀有而珍贵的，需要得到一次又一次的支持，而 CEO 是容易被取代的。特别是在科技领域，CEO 是"耕牛"，而创始人是"赛马"，所以在他们这里，创始人提出的意见有相当重的分量。

公司的成功胜过个人"人气"

我刚在几家公司工作时，其创始人都曾公开地对聘用我的决定表示失望，并向董事会抱怨。在他们眼里，我的作风和行为令人不快。但当公司取得巨大成功时，即使是最不满的创始人也没有了原先不满的情绪。

诚然，如果创始人看好你，这是一件好事；反之，你也不能陷入不安的情绪中。你的使命是让公司赢得成功，而不是获得自身的声望。矛盾的是，当你帮助公司取得成功后，你会赢得所有人的欢迎。但如果你因为创始人不看好你而分心，令公司遭受损失，等待你的就是一段黑暗无光的日子。

NetApp 的 CEO 霍浩文（Dan Warmenhoven）曾说过，每一位伟大的 CEO 都有强大的自我意识，因为他无法以其他任何方式完成工作，但如果他无法控制自我意识，他就会让周围人都无法忍受，导致效率低下。这是一种不稳定的平衡。

随着时间的推移，创始人会更加容易管理自己的心态。例如，我担任 CEO 的那 3 家公司都只花了几个季度，就获得了飞快的增长速度。大多数员工都是在我掌握管理权后入职的，他们也就没有多少值得怀旧的记忆了。

即便如此，也需要尽可能地与创始人分享荣耀。永远不要忘记，成功需要大家共同努力来创造，而创始人仍然是公司的荣誉成员。

向上管理董事会

与和创始人相处一样，和董事会成员相处也需要你巧妙地构建关系和划定边界。

董事会的职能往往是困扰新任 CEO 的根源。很多新任 CEO 不清楚他们的权限和管理层的职责。理想状态下，董事会成员完全尊重 CEO，并提供建议和支持，而不是告诉 CEO 如何管理公司。但在实践中，这条分界线往往是模糊的。董事会成员经常无法控制地过度介入管理层。经验较少的 CEO 允许他们越过这条分界线，因为董事会雇用了他们，他们觉得董事会成员就是他们的老板。

然而，董事会成员与 CEO 的关系并非那么简单。当然，董事会的职能之一是聘用和解雇 CEO。除因严重违规而免职的 CEO 外，一个良好的董事会会赋予 CEO 近乎全部的战略权和运营权。而且，董事会绝不会随便罢免 CEO，因为罢免是一种高风险的最终手段。招聘新人又是一个漫长的过程，领导层的短暂空缺很可能会造成潜在的破坏，所以优秀的董事会不会随意解雇 CEO。

大多数董事会成员在过去都担任过公司里的重要角色，他们依然渴望有机会展现自己。他们希望与公司保持相关性，这也是人之常情。对董事会中的风险投资家来说尤其如此，他们在许多不同的董事会任职，往往能够广泛接触各种公司。除此之外，董事会的风险投资人会认为你是在"花他们的钱"，这给了他们更多越界的理由。这也是可以理解的，但这也是董事会有时会让事情变得极其棘手的重要原因。

别误会，我并不是建议你告诫董事会成员重新端正想法，并立即驳回他们的建议。他们能丰富对话内容、提出关键问题，为你提供新的视角，并确保投资者的利益得到充分考虑。所有这些都是有益且富有成效的，可以增加每位员工对公司发展的信心。只有当董事会越过分界线，CEO 不得不出手干涉时，才会产生一些问题。

新上任的 CEO 往往无法说清自己的职权，因为他们不清楚自己的职权范围，也不知道如何划定职权的界限。在这种情况下，人类会下意识地试图讨好和安抚那些响亮且令人生畏的声音。但我建议你抑制住这种自然反应。正如自然界中很难存在真空环境一样，如果你一味顺从，那么大多数董事会成员会欣然接受这一局势，并顺势开始对你发号施令。

对于新上任的 CEO，董事会通常会给他们一段试用期，为此 CEO 必须经常汇报。但是如果他们一直把你当成一个有"宵禁"的青少年，那么他们怎么知道你已准备好独立行动？

如果你一直不抗议，他们可能会找各种借口，无限期地延长你的试用期。

有些 CEO 会自然而然地顺从董事会的决定，无论结果是对还是错，他们都会本能地尽力与董事会达成共识。他们总是安慰自己：董事会做出的决定并不可怕，他们并不是孤军奋战……虽然这种安慰在短期内可能会让人安心，但它并不会帮助你保住工作。承认董事会在每一项重大决策上的权威并不是万全之策。事实上，从长远来看，这比维护自己的权威和合法性地为自己的决定负责要危险得多。

我有时候会想，在过去几十年里，那些家喻户晓的大型机构的董事会是什么样的。这些董事会的管理者通常深明大义，试图在言行方面争取得到所有人的认可，不过，他们新闻稿中的陈词滥调确实会让人厌烦，他们的收入也在逐年下降。他们会用现金回购股票，他们的收购计划也很过时，没有顺应时代的发展。

那些董事会成员可能过得很安逸，但他们本不应该如此。而与这种董事会"和睦相处"的 CEO 也本不该躺平在舒适区。维权投资者迟早会反击，对董事会进行彻底改革，并将服从董事会的 CEO 淘汰出局。没有一个地方是永远的避风港，你只能选择是否要待在舒适区。

　　顺从董事会的 CEO 存在的另一个问题是：他们会失去了领导普通员工的能力。当员工们听说 CEO 的计划被董事会否决时，他们会好奇到底是谁在管理公司。如果 CEO 在每一份战略的声明中都以"董事会希望我们……"开头，员工们会同样质疑 CEO 的能力。

　　你来公司不是为了交朋友，也不是为了服从命令。要清楚，你是为了赢得成功而来的。如果公司在你的领导下实现了所有目标，即使你无视了他们的建议，董事会也会对你赞赏有加。相反，如果公司陷入困境，董事会成员一定会责备你，最终你将面临被裁的结局。当这最不愉快的时刻到来时，你曾参加了多少次宴会、对他们有多么恭维、违背了多少次自己的意愿而听从他们的意见，这些都无关紧要。

　　CEO 很少能充分利用自己作为指挥官的权力。一旦你有了一份不错的工作，不管你是否准备好了，就要做得像模像样。一个优秀的 CEO 常常能够领导董事会。

　　这意味着什么呢？首先，不要在董事会会议上提出问题并询问董事会成员的想法。相反，你应该事先和你的团队一起精心准备，然后在会议上表达你的观点。如果董事会成员向你提问或对你的做法表示担忧，那其实还好。只要你是来解决问题而不是主动提出问题的，他们就很难主导这场讨论。

充足的准备会成为你的关键优势。为召开一次董事会会议，你可能会思考几天或好几个星期，但大多数董事会成员对会议可能都持冷淡态度。他们通常每年参加 4 次董事会会议，这样的他们究竟能了解多少事情？他们的直觉比不上你的数据、分析和仔细规划。此外，他们的操作偏见是基于他们个人的经历和经验的，你不应该全盘接收。因此，你需要提前找到正确方案，然后引导董事会与你达成共识，而不是主动去迎合他们的想法。

即便你善于引导董事会，他们有时也会对某个应该由 CEO 解决的问题产生强烈的反应。例如，我曾看到董事会薪酬委员会试图将 CEO 薪酬与其是否遵守董事会战略方向挂钩。CEO 永远不应该在如此重要的话题上放弃发言权。

同样，董事会薪酬委员会制定的章程通常针对的是 CEO 直属高管的薪酬。这是恰当的，因为 CEO 是唯一没有老板的人，监督能够保证其良好的管理表现。但 CEO 也必须对其直属高管的薪酬拥有强有力的发言权。董事会可以确保所有事情都协调一致，并在合理的行业范围内，但总体来说，CEO 应该为每位直属高管提供恰当的薪酬。

当一些董事会成员坚持更改我的决定时，我偶尔会提醒他们，如果他们想在这些问题上推翻我，他们就必须找一位新的

CEO。这是一个较冒险的策略，不到万不得已不能轻易使用，但如果你需要证明自己在严肃地捍卫职权范围，就可以考虑使用。CEO 们不能太专注于自己的工作，需要在必要时赌上自己的"乌纱帽"。你可能觉得没有必要发布这个最后通牒，或者即使你这么做了，也可能不需要坚持到底。但一旦这么做了，你就必须做好离开的心理准备，以维护你作为 CEO 的权力范围，否则你在你的任期上将受到无可挽回的影响。

优秀的 CEO 能够轻松地维护自己的权威。在适应公司的环境后，他们的权威会更加深入人心。你要合理地利用这份威信，否则就会失去它。

来自顶尖企业家的
提效锦囊

1. 你的人生在你手中，做你自己，为自己的人生之舟掌舵。永远不要用"让朋友投票"这种方式来为自己谋划。

2. 克服恐惧的唯一方法就是去面对它，偶尔一次的练习是远远不够的，要尽可能频繁地练习。

3. 无论你之前经历了多么让人失望的事情，都要深入分析事情的前因后果，客观而有条理地将它们一一呈现出来。

4. 你来到公司不是为了交朋友，也不是为了服从命令。要清楚，你是为了赢得成功而来的。

发展公司的努力从不止步

有人会问我：一名伟大的 CEO 应具备什么样的素质？这时，大部分的人脑海中可能会浮现一系列形容词，比如聪明、有魅力、团队协作能力强、能言善辩等。他们会把这些形容词写在便笺上，然后贴到浴室镜子上，作为每天激励自己的动力。当然，答案不可能是区区几个形容词就能简单概括的。我相信，你在读我为在职 CEO 和未来要成为 CEO 的人总结的这本指南时，应该已经意识到了这一点。

在商业领域，获得累累硕果的途径有千千万万条。但你需要找到一条独属于你自己的道路，一条为你量身打造，符合你气质、性格和天赋的道路。所以，无须去对着包括我在内的其他管理者的经历照葫芦画瓢。遇到困难，别反问自己"弗兰克会怎么做"，这只会拖慢你寻找自己道路的步伐。

反之，你可以充分利用自己独一无二的经验。独特的个人经历结合我在前几章谈到的建议，能帮助你更有效地磨炼自己的心性，找到真实的自我。无论花费多长时间，你都要找到属于自己的道路，释放内在力量。

我认识许多年轻的 CEO，他们具备理论上 CEO 所必需的所有条件：聪明、勤奋、干劲十足、雄心勃勃。但他们在汲取必要的经验来探索自己的道路之前，就已经承担起管理者这个重要的角色，所以他们会在探索的途中四处碰壁，甚至受伤流血。尽管失败的耻辱让人难以忍受，但这些糟糕的经历却是后来他们走向成功的基石。

唯有通过事后分析总结，你才能真正明白那些过往经历对自己有多大的意义。这就是为什么你可以接受旅程中出现的挑战和挫折，它们的存在自有其道理。

归根结底，任何层级的伟大管理者都必须取得非凡的成就。你或许能成为史上最富有同情心、最有魅力、最受欢迎的管理者，但如果你的业绩未达标，即便品格再高尚也无济于事，到时候你只会被逼上绝境。哪怕你对失败给出的解释再合情合理也没有意义，更不用说那些毫无根据的借口。当然，也没有人会关心你是否遇到了完全超出你能力控制范围的突发状况。这公平吗？当然不！但这就是我们生活的世界，也是我们作为管理者必须接受的世界。

但值得欣慰的是，如果你能专注于为顾客提供价值、在公司内打造一种纪律严明的公司文化，并且持之以恒，从长远来看，你所做的努力都会得到适当的回报，甚至为自己的公司带来巨大的成果和收益。任何一位集韧性、毅力、使命感于一身，有能力分清事情轻重缓急的管理者，都是很难被打败的。

一位真正能鼓舞人心的管理者也不会轻易被挫折打倒。

最后，在你们继续踏上管理者的旅程之际，我谨向你们致以最美好的祝愿。

从 SaaS 传奇到数据王国的征途

在这本书的最后，我有必要向各位介绍一下我的软件公司管理理念的形成和实现的背景。这个理念是我从长年累月的工作实践中总结提炼出来的。在本书的正文部分，我已仔细地介绍了自己在多个工作岗位中的不同经历，所以在这里不妨大致聊聊我的人生经历吧。

以自律立身的童年

我的家庭背景平平无奇，谁也没预料到我有一天能成为美国硅谷一家科技公司的 CEO。我出生在荷兰的一个中产家庭，家里有两个男孩，两个女孩，我排行老二。家里虽然从来没有为吃穿用度发愁过，但每月也没有什么盈余。

　　我父亲是一名参加过两次世界大战的退伍老兵，虽然早在20世纪50年代就退伍了，但他在家对我们却有着和在部队时一样的要求，纪律非常严明。所有人走路时都要身体笔直、抬头挺胸，绝不能显出一副无精打采的样子。吃饭时也要时刻注意纪律。首先，所有人都要规规矩矩地坐好，然后会有"队长"说："Eet Smakelijk。"这是一句荷兰语，意思是"愿您胃口好"。完成这个仪式前，谁也不能开始吃饭。当然，我家还有很多其他的注意事项，比如，餐具用错了要立刻改正；和别人打招呼时握手要有力，要看着对方的眼睛以表现出诚意；谈及长者时绝对不能直呼其名；要主动承担家务，永远不能让自己无事可做、游手好闲；孩子们只能在屋外玩耍，绝不能在屋内打闹。

　　大概在十几岁时，我的成绩非常糟糕。但是父亲并没有要求我必须取得更好的成绩，他只告诉我，必须发挥出自己的全部潜力，只要我努力了，他就能接受任何结果。实际上，父亲也只有相信我已经尽了最大努力这条路可走。毕竟，在处理孩子成绩不及格这个问题上，这似乎是所有父母可选的最好的一种方法。即使如此，我还是会因为自己并未尽全力去完成力所能及的事而感到沮丧不安。

同样是在 10 多岁的时候，我做过很多种暑假工，这些经历使我立志要在未来干出一番事业来。我在荷兰北部的一个农场采挖过郁金香球茎。无论天气是好还是坏，我每天都要在松软的土地上跟着拖拉机一步一步地走 10 小时。有一年夏天，我在爸爸工作的工厂里当厕所清洁工。这里至少有 1 000 名工人，而我则需要在上午 9 点到下午 5 点之间来来回回不停地打扫所有的厕所，还有一个主管会检查我打扫得是否干净。我一大早就会做完所有的厕所清洁工作，但他往往在数小时后才去检查，而这个时候，厕所已经被数百人使用过了。每次被批评工作干得不好后，我都会把满腹的牢骚说给父亲听，而他则会直截了当地告诉我："觉得委屈？那就要好好学习，取得好成绩。否则，以后你还会遇到这样的上司。"那年，我 16 岁。

从那时起，无论做什么事情都要竭尽全力的观念就在我的心里扎根了。但我并不是每一天都想着要做出多少成绩，而是努力地不断充实自己、增长本领。面对每一件事情，我都会竭尽所能、做到最好。这就像马拉松赛跑或铁人三项赛一样，胜利靠的是 99% 的日常训练和 1% 的赛场发挥。这是一个高难度的成长模式：你永远不会满足于自己的努力程度，而且总是会对现状感到不满。只有与身边志同道合的人一起前行，你才能真正地强大起来。

正是因为如此，我们这一类人从不会因为一点点成就就大肆庆祝，我们总是想着怎么更好地完成下一件事情，我们似乎从骨子里就和"欢呼胜利""沾沾自喜"这类词没有关系。在别人眼里，我们可能是自找没趣，但实际上，我们只是觉得，关注的重点应该放在如何应对未来的各种挑战上。

开始在美国的职业生涯

我以优异的成绩毕业于荷兰鹿特丹伊拉斯姆斯大学经济学院。读书期间，我从来没有挂过科，而且仅仅用了 3 年时间就顺利修完了大学 4 年的全部课程。这比常规培养计划整整提前了一年。因此，我选择用这一年时间去从未去过的美国的公司实习。

我喜欢美国，那里的人们热情友好，每个人似乎都能保持积极乐观的心态。我认为这与荷兰人形成了鲜明的对比：我的同胞们更倾向于听天由命，发牢骚像是一种全民性的娱乐消遣；但美国人总是认为他们可以做得更好。与我的固有观念相比，他们显得更有活力。

一年后，我回到荷兰继续学业，完成了博士论文，顺利毕业，成为家里唯一一个博士。与此同时，我获得了一次继续实习的机会，于是，我又回到了美国。

刚到美国时，我口袋里只揣着大约 100 美元，迫切需要别人的帮助。有人把他 1974 年产的老款别克马刀汽车"卖"给了我，留下一句"以后有钱了再给我吧"就转身离去。由于在尤尼罗亚尔轮胎公司（Uniroyal）的实习工作是临时的，我需要找到一份稳定的工作，只有这样我才能真正地开始我在美国的职业生涯。可是说起来容易做起来难，我初来乍到，英语带着浓重的异国口音，用英语给别人读清楚我带的各种资格证书都费劲，更别提解释它们的含义了。

尤尼罗亚尔是一家轮胎公司，同时也生产有橡胶或乙烯基树脂涂层的汽车内部饰物，属于典型的低技术、重污染制造行业。在这里，公司裁员、部门合并、市场萎缩等职场见闻都让我震惊。那时候，我们认为计算机行业是最有发展前景的。虽然当时它还不是一个巨大的商机，但至少这一行业充满活力且在不断增长。1985 年，我将目光投向了 IBM，当时它是计算机公司的行业标杆。在被拒绝了足足十多次、我几乎要放弃的时候，IBM 终于接收了我。但是，他们当时并不知道我的欧洲专业技术资格证书在美国到底有什么用。意识到这个问题时，我就知道，自己注定要走一条与他人不同的路。他们接收我只是为了帮助我，而不是出于公司的需要。

证明自己实力与干劲的机会

伯勒斯公司（Burroughs）的总部位于美国密歇根州的底特律市，它当时的新任 CEO 迈克尔·布卢门撒尔（Michael Blumenthal）曾是卡特政府的财政部长和普林斯顿大学的经济学教授。或许是因为在美国的职业阅历更丰富了一点，我被聘为公司规划人员。这并不是我一开始想去的岗位，但我明白自己必须以此为发展的起点。随后的几年时间里，伯勒斯公司的发展方向就是和斯佩里公司合并，成立新的优利公司。

在这个过程中，我收获了一个非常重要的工作心得。伯勒斯公司认为自身的规模太小，无法与 IBM 这个行业巨头竞争，所以，其发展策略就是与斯佩里公司合并以扩大规模。也正因此事，我们才意识到公司规模大不见得一定是好事。尤其是在行业形势发生急剧变化时，公司的规模越大往往意味着自身承担的责任也越重。此后，我管理运营的每一家公司都能够与规模更大的公司竞争，规模小反倒是我们的优势。在那些大公司还不知道自己竞争失败的具体原因时，我们却在不断壮大。

我们在刚开启职业生涯的时候，审慎地选择自己要供职的公司很有必要。这就像我们乘坐电梯时一样，你得明白，有些电梯是上升的，有些是下降的，而有些则是停在那里不动的。我们在很大程度上无法掌控公司的发展趋势，所以明智的选择就显得尤为重要。在硅谷，我们已经看到了很多出人预料的案例。你会发现在过去的 20 多年里，不管个人水平如何，谷歌、亚马逊或苹果这些公司里的所有员工都表现得十分出色。而与此同时，IBM 和惠普等同类公司的员工则颇有颓势，个人发展很慢。

在伯勒斯公司及后来的优利公司工作 5 年后，我想进入当时也就是 20 世纪 80 年代还是新兴行业的软件领域。这时微软公司已经成立，而甲骨文公司还只是在起步阶段。但密歇根州的产业定位似乎是这里软件产业发展的一个负面因素，因为这里以汽车制造业出名，软件行业的发展状况却很糟糕。我在安阿伯市一家名为康协利（Comshare）的分时技术公司找到了一份新工作，担任产品经理。该公司当时正在研发"决策支持系统"，这是一项处理数据分析和在线分析的先驱性技术。

那时候我快 30 岁了，迫切希望能遇到一个证明自己实力和干劲的机会。我甚至想高喊："任何产品只要交到我的手里，不管多么糟糕，我都有办法把它改造好！"然而现实并非如此，那时的公司大多经营理念僵化古板、内部机制等级森严，来自欧洲的我在他们眼里是个难以相处、自命不凡的"愣头青"，他们根本不想把赌注押在我身上。一般而言，产品管理部门是个功能型部门，它将公司不同部门之间各种职能的所有权分隔开来。而我在担任产品经理时却总想打破这种隔离状态。无论是否属于我的管理范围，我总是以一种"主人翁"的统管方法开展工作。这样的工作方式导致我和同事及上级之间很难保持融洽的合作关系。任职以后，我一直尽力提高公司员工的归属感，想让他们以"主人翁"的心态勤奋工作。但这种意识是需要培养的，我的尝试结果并不理想。

沮丧的情绪让我做出了一个有些冲动的决定，那就是和我的几位大学朋友一起跳槽到荷兰的一家初创公司，但很快我就意识到这是个愚蠢的行为。事后想想，那段时间的我像极了一头困兽。但从长远来看，这些经历也是大有益处的，因为它改变了我既定的人生轨迹。

在软件行业不断深耕

在康协利公司工作期间，我曾经多次接到位于密歇根州法明顿山市康博软件公司的招聘电话。这家公司正处于发展壮大的过程中，希望进军当时被称为"开放系统"的领域，也就是除 IBM 的大型主机或美国数字设备公司（DEC）的小型计算机以外的任何平台。我被聘为康博软件公司第一位非大型机开放系统的产品经理，这无疑使我的职业生涯得到了加速发展。我用不到 7 年的时间得到了升任公司副总裁兼总经理的机会，也做好了迎接更多更大挑战的准备。

我在公司的密歇根办事处仅仅工作了一年半左右。那时，康博软件公司刚好收购了一家名为尤尼菲斯的荷兰公司，后者研发出了跨平台应用软件。可没过多久，公司就领教了荷兰文化的"痼疾"，不得不找一个持有荷兰护照的经理去妥善解决遇到的诸多问题。我满心欢喜地抓住了这个返回阿姆斯特丹的机会，并接手了整个看似混乱的局面。当然，很多同事提醒我不要接这个任务，因为那个地方已经"没救"了，他们担心我的决定会毁了我的职业前程。

现在看来，当时我做的很多事情都有很大风险，成功的机会很渺茫，换了别人可能都会望而却步。但不管怎么说，那是我唯一的出路，我并不畏惧这些事情有多棘手。作为年轻人，我们很容易高估自己的能力。我也是从那时候开始真正明白了进错"电梯"的结果会是什么。

那一次，我确实成功地让尤尼菲斯公司的情况稳定下来，25 年过去了，这家公司依旧运行良好。这段实践也变成了我35 岁左右时对我影响最大的职业经历。在那之前，我从未为如此多的、负责关键业务的客户服务过，也从未管理过数百名员工。通过这段经历，我发掘人才的眼光也得到了提升，这为我未来的公司管理工作打下了重要基础。我严以律己，也严以待人。和优秀的人在一起，你可以走得更远；但同时，他们需要，也应该得到正确的领导。

我本应在 3 年后回到密歇根州，但康博软件公司下属的一家位于加利福尼亚州的分公司又发生了紧急状况。这家公司在硅谷收购了一系列初创公司，并将它们作为单独的部门运营，称其为公司"生态系统"（EcoSystems）。美国中西部故步自封的老旧价值观和蓬勃向上的硅谷精神发生了正面冲突。我来到硅谷的时候是 1997 年底，恰逢科技泡沫的高峰期。那时公司上市主要靠吸引公众眼球的各项噱头，而不是靠规模和利润上的增长。

我们陷入了进退两难的境地，一边是中西部传统、保守的商业文化，另一边是硅谷激进的创业方式。我们设法稳定了公司艰难维持着的生产线，但因为总部不同意让我们用互联网公司的标准来改革薪酬制度和股权分配制度，人才开始不断流失。熟练的技术工人为了升职、提薪，或者像分节日糖果一样获取公司红利，纷纷离职流向了他处。这真是一场硬仗！我们尝试过开展大规模的招聘活动以挽回局面，但应聘者来得快，离开得更快。

为了解决这个问题，我们开始在招聘时挑选那些愿意跳出固有思路的人，重点关注那些有天赋但并不一定有丰富工作经验的面试者，并为他们提供难得的工作机会。这样一来，他们会受到极大的激励和鼓舞，而且会保持永不服输、务求成功的工作态度。优秀的员工也将抓住机会与我们一起努力，让自己的职业生涯加速发展。

　　我现在聘用员工的时候还是更看重他们的天赋而非个人工作经验。我们往往并不需要那些"在哪儿工作过""做过些什么"的经验型员工。评估一份简历写得好坏很容易，但评估一个人能力的强弱却并非易事。我们需要的是有目标、有态度、天资聪慧的人，抑或是找一些和我一样多年来事业受挫的人。如果一个人能克服挫折，将其转化为强有力的商业策略，那他必然能取得令人满意的工作成就。最终，我用更低的成本吸纳了更优质、更忠诚、更有积极性的人才。这种招聘方式远胜过传统的招聘方式。虽然这样做也会带来一定的风险，但招聘工作总归是伴有风险的，我也曾因此错过一些非常出色的人才。

　　2000 年中，我离开康博软件公司，加入宝蓝公司（Borland），担任该公司产品运营部的高级副总裁，主要负责除销售和公司既定职能外的所有工作。宝蓝之前也是一个知名品牌，拥有忠实甚至是狂热的开发商追随者。但它后来一度陷入困境，甚至将公司更名为 Inprise。我们把公司名改了回来，重新恢复了公司业务，重振了宝蓝品牌。宝蓝公司的软件开发工具系列在太阳微系统公司的 Java 平台上做得很好。我这时都快40 岁了，还在照顾"问题儿童"。

　　离开美国中西部的康博软件公司后，我开始在硅谷构建人际关系网。硅谷这个地方有着开不完的会议、数不清的招聘者和风险投资公司，以及大量有意购买、出售、投资或招聘的公司。有时硅谷让人感觉这里就像一个蜂巢，因为它在不断重构新公司。

我很快意识到，硅谷很少有人记得我曾在康博软件公司工作了 7 年，且做出了一些贡献。我开始陆续接到邀请我担任初创公司 CEO 的邀约电话，不过这些公司都面临窘境，基本上处于风险投资行业的底层。那段时间，业内的朋友告诫我要坚持底线，避免二流和三流的交易，因为它们可能没有未来。

但我同时也一次又一次地被不错的机会拒绝了，负责人用了相同的理由：你从来没有做过销售。虽然这是事实，但（在我自己看来）我是一个热衷以销售为导向的产品发起者，我怎么会同意这种看法？"你一直做的是产品发起者，不可能转行做销售。"但我做过产品行业的"领头羊"，曾与销售部门并肩作战。在被连番拒绝后，我对许多风险投资人产生了不好的印象：即使人才都"撞"到了他们脸上，他们也识别不出人才。

后来，我担任了硅谷史上发展最快的 3 家公司的 CEO，这才让我开始对那些唱反调的人有些许报复性的快感。

带领 Data Domain 公司快速扩张

2003 年春天，我收到了初创公司 Data Domain 公司的聘用通知。当时这家公司没有什么营收，也没有多少客户。不过它的投资者引起了我的兴趣：格雷洛克风投公司的安尼尔·布斯里（Aneel Bhusri）和顶级公司恩颐投资的资深风险投资人斯科特·森德尔（Scott Sandell）。他们俩看中了我不同寻常的经历，认为我绝不会轻易言败。Data Domain 公司的创始人之一李凯博士那年秋天要回校任教，因此 Data Domain 公司当时需要一个 CEO。2003 年 7 月，我成为 Data Domain 公司第一个，也是唯一一个 CEO。

那时，互联网泡沫破裂，硅谷成了一片荒地，硅谷的人才招聘变得更加简单，但筹集风险资本却变得更加困难。整个市场都变得萧条而乏味。员工认为创业是有风险的，客户则希望从易安信公司和 NetApp 等大型低风险供应商那里购买数据存储器。整个硅谷就像经历过一场宿醉一样，萎靡不振。而当时的 Data Domain 公司是公司技术领域数百家初创公司之一，它远没有稳定下来，我也无从得知它以后的走向。

Data Domain 公司的风投人员当时向我介绍了一些其他的公司，而且这些公司的经验都值得我们学习。我现在已经忘记了其中的一些公司，我需要向这些公司的 CEO 们道歉，因为在往后的几年里，他们都被当作 Data Domain 公司的学习榜样。风投人员最烦人的一个习惯是"模式匹配"。他们总是依据其他成功公司的行为模式来给出一些建议和意见，但每家公司的情况各不相同，一家公司的成功并不能说明其模式就是对的。

最初，我们并没有在 Data Domain 公司取得什么鼓舞人心的成果。但我们有一个备份的磁盘存储阵列[1]，它具有设计巧妙的删除重复数据的功能。正如我们过去常常提到的那样，它能在运行或联网时过滤多余的数据片段，运行速度飞快，且成本较低。拥有完整而科学的公司架构，这本身就是一种与众不同。现在在 Snowflake 公司，我们仍然十分强调结构的重要性。我担任 CEO 的 3 家公司的所有成功都可以归功于卓越的公司结构。

但是我们首次推出的 DD200 备份存储阵列体积小、速度慢，几乎没有切实可行的使用案例以维持销售。我们也无法大规模备份文件系统或数据库。我们讨论过回到研发模式，去研发容量更大、速度更快的产品，但同时也担心无法在这种情况下筹集资金。在那个年代，风险投资就如同氧气一样重要。初

---

[1] 存储阵列是由多个磁盘组成一个阵列，当作单一磁盘使用，存储数据时，相关磁盘一起动作，大幅缩短存储数据所需时间。——编者注

创公司的创始人不过是将公司从一个融资里程碑发展到另一个里程碑罢了。

创业第一年，我们以"两个人一条狗"的模式，卖出了所有能够卖出的东西，并获得了 300 万美元的销售额。公司产品的规模和速度都翻了一番。第二年，我们的销售额达到了 1 500 万美元。"更大、更快"成了我们的口号，就像米勒淡啤（Miller Lite Beer）的经典广告"味道美，不撑胃"一样，我们从来没有停止过发展公司的脚步。

找到成功的秘诀后，我们就立刻以技术路线图所允许的最快速度扩展业务范围。公司年收入也从 1 500 万美元增长到 4 500 万美元、1.25 亿美元，再到 2.75 亿美元，节节高升。我还清楚地记得，直到在某次董事会上，董事们才突然意识到我们在一个季度内就把整个公司的规模扩大了一倍。作为一个硬件平台，Data Domain 的产品利润率只有 80% 多，和软件产品的利润率一样。

Data Domain 公司于 2007 年在美国纳斯达克证券交易所上市，此前华尔街近 6 年都没有公司上市。2009 年，Data Domain 公司与 NetApp 进行了一场高调的公开招标战，而后被易安信公司收购。易安信公司现在是戴尔的一部分。据我了解，10 多年后的现在，Data Domain 公司仍然在戴尔的产品组合中贡献着最高的利润。易安信公司极大地加速了 Data Domain 公司的产品分销，其价值已飞速增长到数十亿美元——这点到今天仍未改变。易安信公司前 CEO 乔·图斯（Joe Tucci）表示，继收购威睿公司（VMWare）之后，收购 Data Domain 公司是他最满意的一笔交易，同时也是易安信公司有史以来最大的一个收购案。

Data Domain 公司成立之初消耗的风险资本净额为 2 800 万美元，并在 6 年后给股东带来了 24 亿美元的回报。这是资本与人才结合的神奇力量。作为一名曾经的经济学专业学生，我对多年前在学校学习的东西有了更加深刻的认识。

作为 Data Domain 公司执行副总裁兼部门经理，我同意了易安信公司的收购协议。并不是因为我真的想为易安信公司工作，而是因为在出售了 Data Domain 公司数十亿美元的资产以保证公司和员工的利益后，我有责任为易安信公司工作。事实证明，这个决定很有必要。易安信公司的 CEO 英明地决定让我们负责易安信公司所有的数据保护产品，因为这些产品大多处在衰落状态。大公司通常很容易忽视旗下的相关产品。表现不佳的科技资产就像是一个戒不掉的坏习惯，时时伴在大公司发展的左右。

我们把公司卖给易安信公司，很大程度上是因为他们有互补性存储资产，这是 Data Domain 公司所缺乏的东西。我们要做的是修复和整合这些产品，剩下的事情就交给易安信公司强大的销售和渠道组织。这就是整个收购事件的运作逻辑。收购完成后，由 Data Domain 公司转化而来的新部门很快就发展起来，且创造了不错的利润。之后，我按照与易安信公司达成的协议，在 18 个月后从该公司离职。

在与风险投资家合作多年后，我决定在科技领域试试水。于是，我加入风投公司格雷洛克，成为该公司的一名合伙人。当时，许多人公开猜测我不会在这家公司待太久。他们没有猜错。我没有做好准备，而且缺乏创业合伙人应有的特质。格雷洛克公司是一家很好的公司，但我们就是合不来。大多数风险投资公司是合伙公司，没有指挥链，采取高度合议的决策方式——每个人都应该相处融洽，一起做决定。我置身其中，就像一条离开水的鱼。

推动 ServiceNow 公司缔造超速增长神话

2011 年，我开始关注发展速度极快的 ServiceNow 公司。这是一家总部位于圣迭戈的公司，其员工崇尚南加州的惬意生活方式，因此发奋工作并不是他们的第一要务。当时，ServiceNow 公司的营业收入已经达到 7 500 万美元。它轻松跨越了管理大师杰弗里·摩尔提到的创业公司在成长过程中可能会遇到的困难阶段——"鸿沟"，发展速度一骑绝尘。这家公司初创时只有 600 万到 700 万美元的资金，后来凭借卓绝的运营获得了 5 000 万美元的资金，这点足以让人大吃一惊。

ServiceNow 公司由其创始人兼 CEO 运营，但财务部门的过度掌控使该公司面临资源匮乏的局面。研发部门只有创始人和他的几个密友。在该公司的损益表上，其研发经费甚至不足收入的 2%。而从公司那时的发展情况来看，研发经费本应该是目前的 15 ～ 20 倍。作为 ServiceNow 公司的新任 CEO，我决定尽快改变这种现状。

我们所谓的"云服务"是一种托管服务。ServiceNow 公司有很多老客户，包括通用电气、强生和德意志银行。当时，ServiceNow 公司的几位首席信息官经常火急火燎地给我打电话，询问公司的情况。其实，我也和他们一样焦虑：整整一年半的时间里，我每天早上都会迫不及待地拿起电话，或者急匆匆地打开电子邮箱。我们每天都有很多工作要做，却不知道该怎么做。在此之前，公司里没有人搭建过云计算平台。

与此同时，我们还在不断获取和接纳客户。我们提供的并不是计算机科学意义上的那种云服务，而是一种托管服务，这意味着每个客户都有自己的硬件和软件实例。ServiceNow 公司不是所谓的"多租户"平台，即让客户共享计算资源的平台。最终，我们结识了一些 eBay 的早期创业者，他们的经验十分实用。尽管事后看来这些经验也很有限，但的确开阔了我们当时的眼界。

当时，没有多少内外部人士能意识到 ServiceNow 公司遇到了多大的危机。某个周五，一名自由职业技术人员无意中升级了公司 800 名客户的系统，导致他们所有的系统中断或损坏。我们至今仍把那一天称为"黑色星期五"，我到现在也不知道我们是怎么熬过来的。在那之后，自由职业者对我们来说就是"一击出局"的存在了。

ServiceNow 公司的一些高管恳求我出售公司，因为他们感到害怕，不知所措。创始人弗雷德里克·鲁迪曾经说，我们就像一辆从山坡上缓缓滑下的卡车，每个轮子上都有一个没被拧紧的螺母。这意味着我们随时都可能玩完。

创立 ServiceNow 公司之初，鲁迪和我发生过冲突。他甚至表示，他后悔让我和我的同事来管理公司。他还写了一封邮件，宣布他将让我下台的决定。我不得不解释说，即便是公司的 CEO，也不可能凌驾于公司的一切之上。我说："你可以去董事会，看看他们是否愿意解雇我，让你回去工作。但现在，公司还得按照我的计划运行。"鲁迪最终接受了现实，并成为我的绝对拥护者。对他来说，这样的改变的确很难，花费了一段不短的时间。

那两年，我们在焦虑中苦心经营着 ServiceNow 公司。无论面对怎样的困境，我们都从未减缓过公司的发展速度，且始终在持续加快公司前进的脚步。无论如何，我们都不会浪费这次机会。我们干劲十足地发展公司，不断完善公司的业务。面对外界挑战时，我们的公司文化变得更接地气、更有条理性，也更具有分析性。我们一步一步地向前，尽心竭力。在 Service-Now 公司快速发展的初期，我们雇用了很多员工，也解雇了很多员工。

我们未能在 Data Domain 公司面临运营挑战时满足其迫切的转型需求，这点让我十分苦恼。因此，我们最后决定卖掉公司。当时在 Data Domain 公司，我们被困在原地无法发展，丧失了市场竞争力。除核心的数据备份和恢复的技术之外，我们没有任何潜在的扩张渠道，也没有大规模收购的经验。即便通过收购，我们也没能实现资产负债表或市值的增长。但在易安信公司我们做到了这一点，接下来的事也就众所周知了。

当时，我专注于让 ServiceNow 公司超越其最初的总市场规模，以避免走上 Data Domain 公司的老路。一朝被蛇咬，十年怕井绳。在与董事会成员进行 CEO 面试的过程中，我不时能够听到，一些客户在非 IT 领域使用我们的产品。Service-

Now 公司的员工并不怎么重视这一点，但这对我来说却是件大事。在我看来，市场发出了一个信号：这款产品可以作为一个通用的工作流程管理平台，适用于任何服务领域。

我们在克服了紧迫的短期运营的困难后，开始将授权范围从咨询台管理人员扩大到 IT 部门的每个人，这是一个更大的员工群体。我们的经营理念是，不仅仅是咨询台，IT 部门的每个员工都要参与到解决事件的工作流程中，包括系统和数据库管理员、网络工程师和应用程序开发人员。ServiceNow 公司已成为整个 IT 部门的记录系统和参与系统，并将成为首席信息官的系统。

扩大后的定位使公司与客户群体的联系愈加密切、交易的规模不断增大，我们的产品真正成为大型公司的战略性 IT 管理平台。

为了进一步扩张公司，我们在除公司 IT 之外的服务领域中创建了 6 个业务部门。这 6 个业务部门都使用基础的 ServiceNow 软件平台，但我们在应用程序级别中对平台做了调整，以适应新的用途。现在，我们每个服务领域都有其独特的产品。我原以为只有几条服务生产线能成功，但它们全都顺利运行了，有些甚至产生了意想不到的效果。公司新的组织模式使团队能够凭借自身实力脱颖而出，而不过分依赖外部组织。

ServiceNow 公司可以说是变成了一个理想的培训基地，它适合那些干劲十足、肩负责任感，而且希望可以证明自己的高管。我热衷于帮助他们成为管理者。

我们甚至冒险进入云服务领域，用 ServiceNow 软件平台来提供客户支持。我们拥有一些强烈拥护 ServiceNow 软件平台的内部粉丝，因为我们自己也在用这个平台。开始时，我不能确定公司是否能够以这么快的速度走得这么远，所以没有采纳这些狂热粉丝的激进意见。因为这个新领域的模式与我们过去所习惯的模式完全不同，买卖双方完全互不相识。而云服务领域的产品侧重于考虑消费者的需求，而不是公司的需求，此外，用户界面的复杂性标准更高。最终我决定妥协，不过心里还是不服气，但事实证明，我错了。这种云服务确实带来了新的收入，确切来说，它取得了明显的成效。有时候，你在入局前有必要重新审视自己的观点，并且完全可以为他人的信念下注。

我们进一步将公司扩张，一些大型公司指定用 Service-Now 软件平台作为他们所有服务领域的工作流平台。公司员工可以只在 ServiceNow 软件平台上进行交互，不再需要在组织架构里艰难地寻求能帮助他们处理遇到的挑战、难题和任务的部门或人员。一些大公司在 ServiceNow 上创建了新的团队，运行他们的全球商业服务。ServiceNow 已经发展成为一个没有限制的服务工作流平台。我有时将其称为"结构化消息传递平台"。结构化意味着数据是在消息或任务中被定义的，可以无限制地在数据上执行逻辑操作，而电子邮件、短信和许多其他消息服务，就属于非结构化消息传递。

2012 年，当我们宣布计划在纽约证券交易所上市时，有不少人对此持怀疑的意见。路演期间，高德纳咨询公司（Gartner Group）与投资者举行了所谓的"炉边谈话"，几乎对我们传达的所有信息都提出了质疑。然而，这些恶意批评者最终不得不承认，他们对 ServiceNow 公司的看法是完全错误的。就在我写这篇文章的时候，ServiceNow 公司的市值已经超过1 000 亿美元，而且还在持续增长。

短暂的退休

我直到 2017 年身心俱疲时，才意识到自己该退休了。在前线奋斗了多年之后，我觉得自己已经没有什么可以奉献的了。所以我选择了辞职，把大权交给 eBay 的前 CEO 约翰·多纳霍（John Donahoe）。经过前 3 年的努力，ServiceNow 公司已经处在一路向前的发展状态中，而且势不可当。2019 年，思爱普（SAP）前 CEO 孟鼎铭（Bill McDermott）从多纳霍的手中接过了接力棒。直到今天，该公司仍在蓬勃发展。

2017 年 4 月，也就是我退休后的开始几周，我感到很自由，甚至可以说是很愉快。我再也不用早起上班，不用被工作赶着走，这种感觉真是棒极了！经过几十年的打拼，我终于有了充足的空闲时间。

我开始对帆船比赛抱有极大的热情，并在上面花了不少时间。我的团队在加利福尼亚州、墨西哥和夏威夷参加了帆船赛，使用的是一条名为"无形的手"的 TP52 帆船。在这些赛季中，我们的高光时刻是赢得 2017 年的跨太平洋大赛。自 1906 年以来，跨太平洋大赛每隔一年举行一次，是一项标志性的环球帆船赛。这项比赛从洛杉矶开始，一直延伸到夏威夷的瓦胡岛。和做生意一样，我们专注于招募天才帆船选手。"无形的手"号拥有一支由专业船员组成的优秀团队，能和他们一起在海上航行，我感到非常兴奋。

除了驾驶帆船，我还加入了一些公司的董事会，与一些做风投的朋友一起投资了一些初创公司。我承认，我并不是做得最好的董事会成员，因为董事会本该与管理层保持一种互不干涉的关系，而我不能接受这一点，并为此而抗争。正如我在格雷洛克公司所明白的道理：我是一个经营者，而不是投资者或者顾问。

我当时在 Pure Storage 担任董事会成员。这家公司的创始人是萨特山创投（Sutter Hill Ventures）的迈克·斯佩瑟。他白手起家，创立了这家成功的闪存阵列公司。迈克是一个独一无二的风投家：他总是提出全新的想法，招募顶尖的人才，任命他们为初创公司的第一任 CEO，以此来推出初创公司。

除了 Pure Storage，迈克还在 2012 年创立了 Snowflake 公司。我们有时会聚在一起交换意见，包括对 Snowflake 公司的最新进展。迈克想让我加入该公司的董事会，但是我没有答应，那时我正专注于帆船比赛。2019 年 3 月的一个下午，迈克和我共进午餐时脱口而出："你怎样才愿意当 Snowflake 公司的掌舵人呢？"我的第一反应是："什么？"

我根本没有想过再次涉足商业领域，甚至没有认真考虑过这种可能性。每当有人问起，我都习惯地回答"凡事没有绝对"。我从来没有和其他公司联系过，但 Snowflake 公司是一个例外。Snowflake 公司为亚马逊网络服务（AWS）、微软 Azure 和谷歌云平台（GCP）等新的云计算平台构建了一个数据管理平台，其创始人都是核心技术专家，深谙最先进的数据库技术，他们不想把这一遗留问题丢给云服务。因此，他们彻底革新了这种数据管理平台。而实际上，这种做法在科技领域很少见，可以说是史无前例。

除了 Snowflake 公司，其他公司都不太可能说服我重返商

界。不过，我也难以抗拒成为 CEO 的机会。如今，我的动力
与其说是我的职业抱负，不如说是我对运动、团队合作和对自
我提升的不懈追求。退休的感觉很棒，但迎接挑战更符合我的
风格。

领导 Snowflake 公司创造软件行业市值最高 IPO

我于 2019 年 4 月 26 日开始恢复工作。从好的方面来看，
Snowflake 公司已经取得了骄人的成绩，当时的业绩也很不错。
相比之前在内部数据中心的运行速度，复杂查询和数据接收等
核心数据管理流程的运行速度快了一到两个数量级。而且，核
心数据管理流程同时在多个向量上进行了创新：可以处理更大
的数据量，极大地提高了计算性能，并可几乎无限制地并行执
行工作负荷。你可以根据自己的想法和预算，来启动多个工作
负荷。只要你愿意并且有预算，就可以经常运行这套核心数
据管理系统。你也可以为工作负荷分配超出实际需求的资源，
使其运行得更快。这套核心数据管理系统采用了一种效用模
型[①]：你可以随心所欲地征用你想要的任何资源，使用时间没
有上限，只需按照你实际消耗的资源付费即可。

[①] 在云计算和 IT 服务领域，效用模型是一种提供服务的模型，服务提供商根据客
户实际使用的资源进行计费，而不是仅仅按照时间和速率收费。——编者注

从不利的方面来看，公司对自己所获的成就感到非常自豪，正是因为其增长速度超出了预期。我开始明白为什么迈克会对领导层如此焦虑，并试图说服董事会考虑更换领导层了。Snowflake 公司固然有一款了不起的产品，但它的执行力越来越令人怀疑。该公司的损益表显示，这家公司拥有大量资金，但公司内部缺乏纪律。没有意外的话，该公司或许能以 100 亿美元的市值退出市场。那为什么不朝着 1 000 亿美元或者更大的市值去努力呢？只要我们厚积薄发，就能够抓住眼前的机会。

上任后的前几个星期，我很快撤去了许多部门主管的职位，这造成了一定程度的混乱。前任 CEO 有十几个直接下属，但我打算只留下五六个。公司短时间内发生巨变，我也因为赶走了自己不熟悉的人而受到抨击。批评者表示，我应该给每个员工一个公平的机会，让他们证明自己可以满足我的期望，但我不这么认为。为了消除员工的不确定性和疑虑，我请来了一些与我共事过的、非常能干的公司高管。当接手一家问题众多的公司时，必须先以最快的速度解决比较简单的问题，这样就可以把精力集中在困难的问题上。而这时邀请一些值得信赖的执行者的效果显而易见。

例如，我曾于 2006 年首次聘请迈克·斯卡佩里担任 Data Domain 公司的首席财务官。2011 年我加入 ServiceNow 公司还没开始着手事务时，我就先让董事会批准他担任该公司的首席财务官。现在，我还没有决定是否接受 Snowflake 公司 CEO 的职位，但我已经开始联系迈克了。我们是一揽子交易，如果迈克不同意再次做我的副手，我就会拒绝 Snowflake 公司的邀请。我负责进攻，迈克负责防守，我们俩是完美的搭档。我们在标准和优先事项上意见一致，所以沟通一向简短。不久，Snowflake 公司的董事会给了迈克一份首席财务官的合同。

可以肯定的是，Snowflake 公司已经拥有了很多真正优秀的人才，尤其是在产品和营销方面。不过，公司在销售方面仍存在问题。我把更多时间花在了业务的关键部分上，以期找到自己的管理模式。管理公司就像医生做一场手术，如果你不了解病人病情的来龙去脉就去做手术，最后可能只会事倍功半。一方面，我们不能减弱我们的销售势头；另一方面，公司的职能业务几乎无法正常运作，需要做出许多改变。

产品运营部门有几个不同的领导，他们在所要推进的优先事项上产生了冲突。我们解雇了一些人，然后提拔联合创始人贝努瓦·达格维尔（Benoit Dageville）为产品总裁，巩固了产品的领导地位。我们还聘请了一个新的最高级主管格雷格·柴可夫斯基（Greg Czajkowski）来管理工程。我们的一位老员工说："公司团队现在运作得比以往任何时候都要好。"

2020 年 9 月 16 日，大约是在我们团队加入 Snowflake 公司一年半之后，Snowflake 公司在纽约证券交易所上市。这次上市被称为"史上最大的软件 IPO"，也是史上最大的科技公司 IPO 之一。我们的股票市值高达 700 亿美元。当时几乎业内每位求职者都想成为 Snowflake 公司的一分子。

成为一位强大的管理者

我年轻时和年长时的最大不同是，现在的我能够更快地把握当前发生的事情，明白如何壮大一个组织。几年前，我常常犹豫不决，原地等待形势好转，还经常过于包容表现不佳的员工和质量不过关的产品，而不是直接解雇员工、舍弃产品。当时，在员工眼里，我是一个更加通情达理的、体贴的管理者，但这并不意味着这种做法是对的。随着经验的积累，我意识到这种做法只是在浪费大家的时间。俗话说得好，一次不信，百次生疑。如果我们明知道做某件事没有效果，或者某个人根本不能适应这份工作，那还在等待什么改变呢？

希望本书能帮你更深入地了解如何在你的组织中做到这一点。也希望在构建使命驱动的高效公司之路上，你能在本书的指引下很快找出应该保留、丢弃和修复的东西。

译者后记

　　本书作者弗兰克·斯洛特曼作为全球顶尖的职业经理人之
一，集世界知名风投、首席执行官和高级顾问等多重身份于一
身。他不仅善于管理团队，打造企业文化，而且在提升领导
力、销售产品、改进业务流程、提高组织效率方面都有他独到
的见解。2022 年，斯洛特曼以 18 亿美元财富位列"2022 年福
布斯全球亿万富豪榜"第 1 645 位。

　　斯洛特曼被人称作是公司的"下一阶段增长医生"。
2003—2010 年，他领导 Data Domain 公司发展到了 24 亿美元
的业务规模。2011 年，他接手了 ServiceNow，领导其在 2016
年超过 IBM、易安信、惠普等一众巨头后成为 IT 服务管理市
场的龙头。2019 年，他又为 Snowflake 掌舵，带领旗下团队创
造了 2020 年全球最大的 IPO 之一。他丰富的个人经历和独特
思想为他的这本新书提供了灵感和素材。

　　我们在机缘巧合的情况下有幸读到此书，并承担了翻译工

作，作者的写作贴近生活，案例丰富翔实，观点鞭辟入里，读起来引人入胜。经过翻译团队对原稿的资料查证、语句推敲、逻辑梳理等前后期的整理工作，历时数月，我们终于完成此次翻译工作。作为译者，我们非常想对翻译过程中给予过我们帮助的人表达感谢。首先是赣南师范大学 MTI 专业硕士研究生吴菲宇，她在本书翻译过程中查找核实了很多资料，而且在语言理解和校译环节给予我们极大支持。另外还需要感谢赣南师范大学 MTI 翻译专业在读研究生吕嘉民，在校对过程中，他也给我们提供了很大帮助。

在大家的帮助和协作下我们才能完成本书的翻译工作，但因为译者水平有限，书中如有纰漏，敬请读者谅解并指正。

陈述斌（赣南师范大学 MTI 硕士研究生导师）

陆思佳（赣南师范大学 MTI 硕士研究生）

未来，属于终身学习者

我们正在亲历前所未有的变革——互联网改变了信息传递的方式，指数级技术快速发展并颠覆商业世界，人工智能正在侵占越来越多的人类领地。

面对这些变化，我们需要问自己：未来需要什么样的人才？

答案是，成为终身学习者。终身学习意味着永不停歇地追求全面的知识结构、强大的逻辑思考能力和敏锐的感知力。这是一种能够在不断变化中随时重建、更新认知体系的能力。阅读，无疑是帮助我们提高这种能力的最佳途径。

在充满不确定性的时代，答案并不总是简单地出现在书本之中。"读万卷书"不仅要亲自阅读、广泛阅读，也需要我们深入探索好书的内部世界，让知识不再局限于书本之中。

湛庐阅读 App: 与最聪明的人共同进化

我们现在推出全新的湛庐阅读App，它将成为您在书本之外，践行终身学习的场所。

- 不用考虑"读什么"。这里汇集了湛庐所有纸质书、电子书、有声书和各种阅读服务。
- 可以学习"怎么读"。我们提供包括课程、精读班和讲书在内的全方位阅读解决方案。
- 谁来领读？您能最先了解到作者、译者、专家等大咖的前沿洞见，他们是高质量思想的源泉。
- 与谁共读？您将加入优秀的读者和终身学习者的行列，他们对阅读和学习具有持久的热情和源源不断的动力。

在湛庐阅读 App 首页，编辑为您精选了经典书目和优质音视频内容，每天早、中、晚更新，满足您不间断的阅读需求。

【特别专题】【主题书单】【人物特写】等原创专栏，提供专业、深度的解读和选书参考，回应社会议题，是您了解湛庐近千位重要作者思想的独家渠道。

在每本图书的详情页，您将通过深度导读栏目【专家视点】【深度访谈】和【书评】读懂、读透一本好书。

通过这个不设限的学习平台，您在任何时间、任何地点都能获得有价值的思想，并通过阅读实现终身学习。我们邀您共建一个与最聪明的人共同进化的社区，使其成为先进思想交汇的聚集地，这正是我们的使命和价值所在。

CHEERS

湛庐阅读 App
使用指南

读什么
- 纸质书
- 电子书
- 有声书

怎么读
- 课程
- 精读班
- 讲书
- 测一测
- 参考文献
- 图片资料

与谁共读
- 主题书单
- 特别专题
- 人物特写
- 日更专栏
- 编辑推荐

谁来领读
- 专家视点
- 深度访谈
- 书评
- 精彩视频

HERE COMES EVERYBODY

下载湛庐阅读 App
一站获取阅读服务

图书在版编目（CIP）数据

如何成功管理一家软件公司 /（美）弗兰克·斯洛特
曼（Frank Slootman）著；陈述斌，陆思佳译 . -- 杭州：
浙江教育出版社，2025. 1. -- ISBN 978-7-5722-9408-2

Ⅰ . F407.67

中国国家版本馆 CIP 数据核字第 2024NS1026 号

上架指导：企业管理

浙 江 省 版 权 局
著作权合同登记号
图字:11-2024-488号

如何成功管理一家软件公司
RUHE CHENGGONG GUANLI YIJIA RUANJIAN GONGSI

［美］弗兰克·斯洛特曼（Frank Slootman）　著

陈述斌　陆思佳　译

责任编辑：沈久凌

美术编辑：韩　波

责任校对：傅美贤

责任印务：陈　沁

封面设计：ablackcover.com

出版发行：浙江教育出版社（杭州市环城北路 177 号）

印　　刷：石家庄继文印刷有限公司

开　　本：880mm ×1230mm 1/32

印　　张：8　　　　　　　　　　　**字　　数：**200 千字

版　　次：2025 年 1 月第 1 版　　　**印　　次：**2025 年 1 月第 1 次印刷

书　　号：ISBN 978-7-5722-9408-2　　**定　　价：**99.90 元

如发现印装质量问题，影响阅读，请致电 010-56676359 联系调换。

AMP
ITUP

重磅导读

超速增长，勇攀高峰，
硅谷传奇CEO的奋斗史与启示

智锦 杭州云霁科技CEO

硅谷传奇软件公司 ServiceNow 的缔造者

在美股市场里，有这样一家软件公司：

- 仅用 10 年时间就成为全球第一大 IT 管理软件公司、第二大 SaaS 软件公司，并且还在不断扩张。

- 上市 12 年市值增长 140 倍，目前股票市值已经突破 2 100 亿美元，超过百年老店 IBM。

- 年营收超过 50 亿美元后，依然在以 30% 的速度增长，预计 2024 年年营收达 106 亿美元。

- 客户续订率超过 98%，几乎没有客户流失，甚至不需要专门的客户成功团队。

- 5 年前就坚信自己的年营收将在 2024 年达到 100 亿美元，并将在 2026 年达到 150 亿美元。

- 坚持以大客户服务为导向模式，全球《财富》500 强企业中 85% 的企业都是他的客户；自己也于 2023 年跻身《财富》500 强企业行列。

　　这家公司就是美国 IT 服务管理（ITSM）、IT 运营管理（ITOM）和数字工作流领域公认的市场领导者——ServiceNow。

　　可以说，ServiceNow 指数级的超速增长是软件公司发展史上的一大奇迹，不但让公众震惊，也远远超出了公司内部员工甚至是创始人的预期。这一奇迹的缔造者就是本书的作者斯洛特曼。斯洛特曼是科技界在企业增长方面最有成就的高管之一，也被认为是硅谷最有执行力的 CEO、IPO 大师。投资人评价"他是企业技术领域最令人印象深刻、成就最高、最受人尊敬的 CEO 之一。他是一位不拘一格的领导者。他可以指着山峰，带领整个团队跟随他攀登高峰"。

　　现年 65 岁的斯洛特曼是荷兰人，拥有鹿特丹伊拉斯姆斯大学经济学院的经济学学士和硕士学位。他于 1997 年移居硅谷。他是一位职业 CEO 和运营专家，是可以将"喷气飞机"变成"火箭飞船"，并让投资人、员工和自己都赚钱的管理者，是软件和 SaaS 行业的传奇人物。在加入 ServiceNow 之前，斯洛特曼在数据存储公司 Data Domain 担任 CEO，帮助公司实现了高回报并购。ServiceNow 成功后，他做了两年投资人，加入了大数据公司 Snowflake，并带领 Snowflake 于 2020 年进行了有史以来最大的云计算和软件 IPO。

　　在最新作品《如何成功管理一家软件公司》中，他第一次分享了他打造硅谷史上增长最快的 3 家公司的领导方法——通过提高期望、增加紧迫性和提升强度来引领公司高速增长。斯洛特曼用他的管理哲学讲述了如何建立一家高绩效的公司，这背后我们也看到了如何做一位伟大的 CEO，如何依靠专注、坚持和能力在公司中建立一个自律的文化，成为一个真正有领导力的领导者。为了让大家更好地理解本书中介绍的管理哲学，导读按照时间线梳理了斯洛特曼职业生涯中的关键时刻、相关背景和关键决策。

ServiceNow 起源：IT 服务管理市场与四大巨头诞生

　　IT 包括硬件和软件，硬件从大型机、小型机到个人电脑和通用服务器，再到云计算和人工智能，规模越来越庞大；软件也在不断发展，从最早的软件和硬件一体，到通用软件，再到云计算软件和今天的人工智能大模型，结构越来越复杂。随着企业信息化的发展，IT 硬件和软件的管理变得越来越重要。20 世纪 80 年代，当时英国政府认为他们获得的 IT 服务质量有待提高，于是任命英国中央计算机和电信局制定一套指导行政机构使用信息资源的方法。该局将英国各行业在信息管理方面的最佳实践总结归纳起来，提出了 IT 服务管理框架（ITIL），IT 服务管理市场应运而生。

　　这一时期，硅谷诞生了众多 IT 管理软件公司，Service-

Now 的创始人弗雷德里克·鲁迪（Frederic Luda）于 1989 年创办了 ServiceNow 的前身百富勤系统公司（Peregrine Systems），从事 IT 管理软件开发。到 2003 年左右，由于互联网泡沫破灭，硅谷一片萧条，依托于资金和客户优势，传统硅谷软件巨头开始对创业公司进行收购，BMC、IBM、惠普、CA 这四家从大型机时代就开始开发软件的公司，兼并了市场上几乎所有创业公司，垄断了整个 IT 服务管理市场，被称为"四大 IT 软件巨头"（Big 4）。百富勤系统公司于 2003 年被最大的竞争对手 BMC 和惠普联合收购。

2004 年，49 岁的鲁迪创办了 ServiceNow，虽然依然是在 IT 服务管理软件领域，但这一次他准备换个方式，基于云计算和 SaaS 模式挑战 BMC 和自己的上一代产品，凤凰涅槃浴火重生，行业老兵重新创业揭开了传奇的序幕。

初任 CEO：斯洛特曼的第一次成功与遗憾

斯洛特曼的传奇始于成立于 2001 年的 Data Domain。在普林斯顿大学任教的华人教授李凯发明了可以将重复数据删除的软件技术，极大节约磁盘介质数据备份恢复的时间和成本，因此创办了 Data Domain。斯洛特曼于 2003 年加入后，带领公司从初创阶段一直到 2007 年上市，并在 2009 年将公司以 24 亿美元的高价卖给了数据存储行业龙头公司易安信。

斯洛特曼曾在接受采访时说："2003 年，当我给 Data Domain 融资时，资本还是稀缺的，所以我们学会了如何提高资本效率，而不是像白痴一样乱花钱。我们为 Data Domain 总共融资 2 800 万美元，6 年后该公司价值 24 亿美元。"

在成功背后，斯洛特曼也进行了深刻的反思，他本人是非常不愿意出售公司的，他认为细分市场可以阻挡行业巨头的进攻。但把软件封装在硬件里卖，只会让公司困在原地无法发展，没有办法进行扩张，最后只能卖给大公司。能否打破行业天花板，打造一家可持续发展的公司，成为斯洛特曼职业生涯的思考重点，他甚至立下誓言：在后续的职业生涯中不再出售公司。

2011 年，斯洛特曼出版了一本名为《磁带真是糟糕透了》（*Tape Sucks*）的书。表面上看，这本书涵盖的是硅谷的历史，但深入读下去，你会发现故事的主题始终围绕公司成功所需要具备的因素，也是后续引领 ServiceNow 成功的核心点，并最终发展成为本书中的五大关键原则。

发现 ServiceNow：老赛道里的新机会

斯洛特曼为什么会发现和加入 ServiceNow？从各方面看，IT 服务管理市场都不是一个让人兴奋或产生想象力的市场：

作为 IT 硬件和软件的配套服务，IT 服务管理不是企业的核心业务，只是企业数据管理中心需要，市场空间太小；作为一个已经被开发了 20 多年的饱和市场，IT 服务管理市场已经被以 BMC 为首的四大巨头垄断了，一家新成立的公司貌似也没有什么机会。所以，不光当时软件行业的投资者和专家不看好这个市场，斯洛特曼一开始也认为这是一个让人昏昏欲睡的无聊业务。

但是，斯洛特曼在老赛道里发现了新的机会。2011 年的 IT 服务管理市场与 2003 年的截然不同，随着互联网与云计算的蓬勃发展，企业 IT 管理的复杂度急剧上升，IT 管理变得越来越重要，但是 BMC 等巨头并没有意识到市场的变化，还是拿着 20 年前的产品在售卖，产品老化、架构存在缺陷的问题不断暴露，打补丁的方式也让客户越来越不满意。斯洛特曼敏锐地发现：客户苦四大巨头久矣，很可能非常喜欢和迫切需要 ServiceNow 的创新产品；ServiceNow 不仅是一个冉冉上升的高增长潜力股，还有可能是自己一直在追寻的永不受限的公司，是时候赌一把了！

加入 ServiceNow：重塑企业文化

鲁迪是 ServiceNow 的首席产品官和创始人，而斯洛特曼既是 ServiceNow 的首席执行官，也可以被视为 ServiceNow

的重新缔造者, 两人的相遇与合作, 共同成就了今天市值 2 000 亿美元的 ServiceNow。但和大家想象的齐心协力不同, 斯洛特曼是董事会请过来的职业 CEO。随着斯洛特曼对 ServiceNow 的强力改造, 两人的合作面临巨大的矛盾和冲突, 甚至发展到鲁迪要解雇斯洛特曼的地步。

冲突的根源在于企业文化。和硅谷文化不同, ServiceNow 成立于加州南部的圣迭戈, 员工崇尚加州南部惬意的生活方式, 喜欢节奏慢、氛围轻松的工作。斯洛特曼在推行绩效文化时, 受到了强烈抵制和重重阻力, 感觉像在胶水中游泳。所以, 才有了本书中著名的比喻"司机与乘客", 分辨公司里谁是司机, 谁是乘客, 快速让乘客下车, 打造核心团队, 全副武装塑造高增长企业文化。这些是斯洛特曼在之前公司积累的经验, 最终成为重塑 ServiceNow 的强大引擎。斯洛特曼也用实际行动和效果打动了创始人鲁迪, 最终鲁迪成为斯洛特曼改革的绝对支持者。

ServiceNow 上市: 一波三折与暗战

解决了公司内忧问题后, ServiceNow 开始加速发展, 客户规模迅速扩大。但这时 ServiceNow 开始遇到软件公司的系统稳定性问题, 因外包员工发布版本时操作失误导致系统宕机, 800 家企业客户的业务中断, 成为斯洛特曼至今仍后怕的"黑色星期五"。绝大多数互联网公司都曾经历过这样的至暗时刻，但对于像ServiceNow这样面向的客户都是大企业的软件公司，出现这样的问题所带来的打击与压力就更大了。

ServiceNow内部从创始人鲁迪到高管都感到害怕和不知所措，希望能出售公司。而另外一家知名虚拟化软件公司VMware在这时抛出了一个价值25亿美元的全额收购邀约，大多数人动心了。但斯洛特曼不希望再次出售公司，红杉资本的投资人也对斯洛特曼表示了强力支持，认为所有人都低估了ServiceNow的潜力，表示愿意按照25亿美元的估值回购其他股东的股份。斯洛特曼最终力挽狂澜，让公司内部达成了拒绝收购而独立上市的共识。

到了上市路演的时候，终于要直面行业老大BMC的关注与质疑。接下来就是一个标准的逆袭剧本了。BMC于2002年以3.5亿美元收购了鲁迪苦心研发了10多年的上一代产品Remedy，但对于鲁迪重新成立的ServiceNow，BMC经历了"看不见—看不起—看不懂—来不及"四个阶段。在"看不起"的阶段，BMC的CEO曾表示，他们可以"随便抓几个Java程序员，在周六下午就能做出ServiceNow在做的事情"。他们这种对ServiceNow轻视和否认的态度，最后导致了灾难性的后果。

面对ServiceNow的上市，BMC不得不采取行动进行阻击。

ServiceNow 原计划以 30 亿美元的估值上市, 但 BMC 联合全球最权威的咨询公司高德纳 (Gartner), 在 ServiceNow 路演期间主持了著名的"炉边谈话", 告诉投资者们, IT 服务管理整个市场潜在价值总计只有 15 亿美元, 并劝说投资者不要认购 ServiceNow 的股票。高德纳咨询公司给出这样的预测令斯洛特曼沮丧至极: 谁能指望一家公司的交易估值会比其所在的整个市场价值还高? 2012 年 6 月 ServiceNow 终于在纳斯达克上市, 但发行价腰斩为 18 美元, IPO 市值只有 15 亿美元, 好在开盘当天实现股价翻倍, 收盘时达到 29.5 亿美元。这证明了 BMC 确实不懂 ServiceNow, 上市风波也让斯洛特曼耿耿于怀, 发誓要通过公司指数级增长证明自己是对的。

ServiceNow 崛起: 一统 IT 管理市场

ServiceNow 上市之后, BMC 才开始追赶 ServiceNow, 在 Salesforce 的平台上推出 IT 管理软件的 SaaS 版本, 但此时已比 ServiceNow 晚了七八年, 无法动摇 ServiceNow 在市场上的独霸地位, 只能眼看着 ServiceNow 的业绩逐年翻番, 并开始蚕食 BMC 的其他地盘。

无奈之下, 巨头们发起了最后的反击: 起诉。之前 BMC 收购了鲁迪的产品, 惠普公司收购了鲁迪的前公司。BMC 联合惠普公司, 以侵犯知识产权为由, 起诉 ServiceNow, 并获得了高达 2.7 亿美元的赔偿。但在打赢了官司后，再也没有什么能阻挡 ServiceNow 一路高歌猛进了，以 BMC 和惠普为代表的四大巨头，彻底失去了 IT 服务管理的市场。BMC 从巅峰期的 100 亿美元市值快速滑落，最终在 2015 年被一家私募股权公司以 69 亿美元的价格收购。而 ServiceNow 的市值同年突破 100 亿美元，并在 3 年后突破了 300 亿美元，几乎实现了对 IT 管理市场的垄断，在企业服务市场创造了一个绝无仅有的奇迹。

这时相信斯洛特曼和鲁迪会相视一笑，鲁迪实现了当年的心愿，在 IT 服务管理市场成功崛起，斯洛特曼兑现了自己不再出售公司的承诺。但他们不知道的是，更大的成功正在等待他们。

ServiceNow 成功的关键：集成创新，打造 IT 部门的 ERP

先来聊聊 ServiceNow 为什么能打败 BMC？这是一个很多圈内人都很难回答的问题，仅仅是因为 SaaS 服务与本地部署软件的差异似乎很难解释得通，答案我也寻找了很久。

2020 年，我在领英上联系了所有我能找得到的 ServiceNow 华人工程师，他们大部分人都回答不上这个问题，直到遇到一位 2011 年加入 ServiceNow 负责平台建设的核心工程师, 他表示 ServiceNow 成功的核心其实就是模式创新, 我一下子恍然大悟。对照 ServiceNow 与百富勤软件公司卖给 BMC 的平台, 可以发现, ServiceNow 并没有掌握任何 BMC 没能掌握的核心技术, 也没有开发任何新的功能与新的产品, 而是将原有的技术、功能与产品做了非常巧妙的集成创新。

在 BMC 时代, IT 管理产品是一种工具套件逻辑, 分为流程、监控、数据、自动化四大领域, 每个领域里面又细分成若干个小工具, 比如自动化工具可以细分为服务器自动化、存储自动化、网络自动化、发布自动化等。这一套 "流程 + 监管控" 的体系, 在理论层面非常合理与自洽, 但问题是, 这些工具最初是由不同的公司开发, 虽然后来 BMC 并购了这些公司, 但它们的产品在用户实际使用过程中无法在一个平台上运行, 形成了一个个 "烟囱化" 的工具, 做一件事有时需要登录七八个工具, 让用户苦不堪言。ServiceNow 则在一开始就抛弃了工具套件的思路, 把之前做产品时就有的平台化开发思路发扬光大, 基于 Now 平台实现了所有 IT 管理场景的原生集成和互联互通, 把分散的 IT 管理工具整合成了 IT 部门的 ERP 系统, 类似于把手动挡的汽车升级成了自动挡, 极大提升了使用价值和用户体验。这种思路后来也演变为 ServiceNow 的公司使命: 自动化一切手工流程, 交付极致用户体验。

引用《创新者的窘境》一书的理论，面对移动互联网带来的破坏性创新时，BMC 作为大公司无法打破固有的产品和组织架构限制，而 ServiceNow 作为挑战者没有包袱，通过集成创新慢慢颠覆大企业的 IT 管理模式，最终形成了对 IT 管理市场与产品模式的重构，实现了一个堪称奇迹的逆袭。

低维打高维的跨界扩张：价值千亿美元的决策

2017 年，ServiceNow 达到 300 亿美元的市值，这不仅是 IT 管理领域前所未有的高度，也超越了很多硬件公司的市值，使得 ServiceNow 成为美国第三大管理 SaaS 公司，排在它前面的是市值 500 亿美元的 WorkDay（人力资源管理）和市值 1 000 亿美元的 Salesforce（销售 CRM）。

这时，斯洛特曼面临一个更重要的决策，是否要带领 ServiceNow 跨界进入人力资源管理和销售管理领域。从各方面来说，这都是违反商业常识的决策。IT 管理、人力资源管理和销售管理是三个截然不同的业务领域，对于企业来说，销售管理帮企业赚钱，人力资源管理帮企业增效，无论哪一个都比 IT 管理更高维且更重要。因此，无论是跨界进入一个陌生领域，还是低维打高维挑战更强大的竞争对手，都违反了企业聚焦主业的常识。斯洛特曼一开始对此也持否定态度。

但在实际与客户沟通的过程中, 斯洛特曼发现: 员工在加入一家新公司后, 首先需要在人力资源管理系统开通员工身份与工资卡权限, 再到 IT 管理系统开通 IT 相关权限, 最后去销售管理系统开通销售权限, 入职流程依然需要在不同的系统和部门间交互, 离职的时候也是如此, 依然比较烦琐。斯洛特曼想到之前永不受限的思路, 如果把 ServiceNow 打败 BMC 时用的集成创新的策略, 从 IT 管理放大到整个企业管理的领域, 是否仍然有效。也就是说, ServiceNow 并不需要开发一个更好的人力资源管理系统或销售管理系统, 只要开发一个整合度更高的系统就行了。

事实证明, 这是一个价值千亿美元的决策, 彻底打开了 ServiceNow 的上升通道。在 ServiceNow 正式推出人力资源管理软件后, Workday 股价暴跌 20%, 客户支持、安全、销售管理等方面的新产品不断推出, 也让 ServiceNow 的服务范围从 IT 管理延伸到泛企业管理, 涉及所有和企业内部管理相关的领域。到 2020 年, ServiceNow 的股价突破千亿美元, 已成为美国第二大 SaaS 公司, 截至 2024 年 11 月, ServiceNow 的市值已突破 2 160 亿美元 (见图 0-1)。尽管 ServiceNow 还没有追上 Salesforce 的市值, 但是战略优势和增速很明显, 它可以自下而上地蚕食 Salesforce 的领域, 但 Salesforce 无法进入它的 IT 管理领域, 成就了低维打高维的创举。

成立时间	公司	业务领域	2017 年市值（亿美元）	截至 2024 年 11 月市值（亿美元）	增长率（%）
1999 年	Salesforce	销售管理	1 000	3 170	217
2005 年	WorkDay	人力管理	500	720	44
2004 年	ServiceNow	IT 管理	300	2 160	620

美国排名前三的 SaaS 公司规模变化

ServiceNow 产品的核心竞争力：企业级架构与通用数据模型

好战略与好模式最终需要好的产品作支撑。ServiceNow 从一开始就非常重视平台能力建设，基于自己的 Now 平台开发上层应用系统，最终实现了 "One Code, One DataModel"，即一套代码和一套数据模型支持所有的场景和客户。大部分研究 ServiceNow 公司的人只看到了 Now 平台的能力，却忽略了它的数据模型，其实 ServiceNow 真正的产品理念与核心能力都藏在它的数据模型里，并且数据模型随着业务的扩张变得越来越重要。

当传统公司还在以运维工具套件的方式开发产品的时候，ServiceNow 已经开始使用一体化成型的方式打造 IT 部门的 ERP 系统，建立了统一的 IT 数据模型，采用数据模型驱动

开发的方法, 打造一体化的 IT 管理系统, 快速把业务领域从
IT 服务管理 (ITSM) 扩展到 IT 运营管理 (ITOM)、IT 应
用管理 (ITBM) 和 IT 财务管理 (ITAM), 形成了对上一代
公司的降维打击。斯洛特曼在做完进军企业管理领域, 挑战
Salesforce 的决策后, 觉得自己已经没有什么可以奉献的了,
于是主动退位让贤, 把公司 CEO 职位交给了 eBay 的公司前
CEO 约翰·多纳霍 (John Donahoe), 功成身退。

这时 ServiceNow 已经不只满足于做 IT 部门的 ERP 系统了,
而是要做企业全局的 ERP 系统, 于是提出了下一代 ERP 的概
念: EBC (企业业务能力), 把竞争目标指向了企业 ERP 领
域的霸主 SAP 公司。

为此, ServiceNow 全面采用了银行开发核心业务系统的
方法论, 以企业级架构 (EA) 为指引, 采用以终为始全局架
构重塑思路, 先通过整体的业务建模、流程建模、数据建模,
形成一套完整的覆盖企业所有管理业务的通用数据模型, 再启
动平台建设和应用开发。以通用数据服务模型 (CSDM) 为核
心 (见图 0-2), 以 Now 平台能力为底座, 以模型驱动开发
为方法论, 高效构建企业管理所需的任意数字化工作流, 而且
可以千人千面、个性化定制应用。

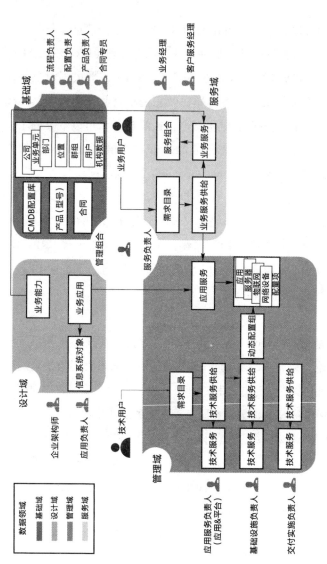

ServiceNow 通用服务数据模型领域视图（CSDM）

在这样的模式下，ServiceNow 成为一家真正的平台型公司，开启了全球化扩张，欧美企业往往直接使用 ServiceNow 提供的官方应用，而日本企业则更青睐 ServiceNow 的数据模型和平台能力，选择自己开发应用，因为采用了统一模型，所以日本企业自己开发的应用和官方应用天生就可以在数据层面实现整合。

新征程：从 SaaS 传奇到数据王国

离开 ServiceNow 两年后，斯洛特曼加入了 Snowflake。Snowflake 也是硅谷的一家神奇公司，以云端数据库模式，致力于变革企业存储、分析、共享数据的方式，对斯洛特曼而言，这既是一项艰巨的挑战，也是一次巨大的机遇。斯洛特曼延续了他在 ServiceNow 的成功经验和铁腕风格，带领 Snowflake 快速增长，并成功主导了 Snowflake 的上市。

Snowflake 上市首日市值就突破了 700 亿美元，成为美股史上 IPO 规模最大的软件服务公司，同时也是史上市值第五高的科技初创公司，超过了谷歌、Lyft 和 Snap。同时，Snowflake 还获得巴菲特旗下的伯克希尔－哈撒韦公司超过 5.5 亿美元的投资。这也是巴菲特 50 多年来首次"打新股"。投资者对 Snowflake 给予了极大的关注，并将其与国际云数据仓库巨头们相提并论。

这一次，斯洛特曼挑战的是亚马逊网络服务（AWS）、微软 Azure 与甲骨文。一方面，AWS、微软都有自己的数据仓库产品；另一方面，Snowflake 完全构建在 AWS 和微软 Azure 的云计算平台之上，也就是需要和自己的"房东"竞争。相比 AWS 和微软 Azure，Snowflake 利用云端的计算能力和存储空间，可以根据需要增减数据，数据存储格式也更加灵活，而且使用它的云计算还能够实现大数据的实时处理。自己与云计算的关系，正如 Snowflake 的公司名字所示：雪落自云端，是云的化身；雪是纯粹的，且每一片都各不相同。

斯洛特曼成功处理了与行业巨头间的竞争和合作关系，致力于为客户提供更高效好用、性价比更高的云端数据存储、分析服务。面对与自己"房东"的竞争毫不畏惧，他表示："我们面临着空前激烈的竞争，全球四大公司中有三家是我们的竞争对手，这样的较量将非常有趣。但是如果你对软件世界感兴趣的话，来这里吧，这是个非常酷的地方。"

寻找 ServiceNow 成功奥秘的历程与启示

因为工作原因，我对斯洛特曼这三家公司的产品都非常了解，但最难理解的还是 ServiceNow。

- 2006 年，我在支付宝工作期间使用过 Data Domain 的存储产品，也引入过 BMC 的 Remedy 产品，当时 Remedy 还是一套非常先进的系统。

- 2011 年，在某国有银行工作期间，我接触到传统四大厂商 BMC、HP、CA、IBM 的全套产品，这时已经发现这些产品开始老化与难以整合。我有幸参与组织相关产品的自研替代工作，经历了 ServiceNow 早期做过的事。

- 2015 年，我在开始创业之后，有位香港的朋友听说我们要做数据中心操作系统（iDCOS）之后，脱口而出："这不就是 ServiceNow 做的事吗？"但当时我还不了解 ServiceNow。2017 年，我开始研究 ServiceNow 的公司架构、产品与商业模式，当时更多关注的是其平台能力与 SaaS 商业模式，虽然貌似研究得很透彻，但还是不了解产品的核心出发点。

- 2020 年，我利用 ServiceNow 的云管理产品思路，基于代码定义基础设施（IaC）的方法重构多云管理平台，解决了异构基础设施适配的行业难题，形成了数据中心操作系统的驱动层，并开始理解模型驱动开发的含义。

- 2022 年，我参照银行开发新一代核心系统的方法论，从企业级架构的角度解析 ServiceNow 的数据模型，才真正理解业务建模和统一数据模型对于构建复杂产品的意义。要开发数据中心的操作系统，数据模型是必不可少的内核。

- 2023 年，我开始基于数据模型在云上开发算力服务云多多，理解了 Snowflake 把大数据应用构建在云上的优势。
- 2024 年，推出基于代码定义和数据模型驱动的多云和基础架构供给、治理产品，ServiceNow 称为 CPG（Cloud Provision Governance）。该产品在某国有银行上线投产后，成功把 DevOps 和 GitOps 的理念引入私有云数据中心，实现云和基础架构服务的产品化交付和精细化运营，替换了传统的多云管理和混合云管理软件，才算真正实践了 ServiceNow 的产品理念和开发方法论。

结合我的从业经历来看斯洛特曼打造的 3 家公司，表面上 3 家公司的业务领域各不相同，但本质上都是数据公司，Data Domain 是数据存储公司，ServiceNow 是数据管理公司，Snowflake 是数据分析公司。时至今日 3 家公司中最复杂且最成功的还是 ServiceNow，它掌握了企业所有的管理数据，可以不断拓展自己的业务边界，也最容易与 AI 大模型结合。但正如斯洛特曼最初对 ServiceNow 的感受一样，ServcieNow 并不是一个新物种，而是一只在逆境中浴火重生的凤凰。因此，大部分投资人基于过去的经验很难理解 ServiceNow，觉得它像个大路由器，聚合了太多东西，反而很抽象，说不清是什么。同样，创业者也很难理解 ServiceNow，对它的印象还停留在 10 年前看 IT 服务管理软件的阶段，看不懂它的飞速发展与升级迭代，也看不到未来统一数据模型与数据驱动的价值。

中国的 ServiceNow 什么时候能出现？随着中国数字化转型的加速，IT 部门的工具贯通和企业管理信息的整合是必然趋势。今天我在真正理解 ServiceNow 后，已经不敢说对标 ServiceNow 了。"学 ServiceNow 者生，像 ServiceNow 者死"，虽然 ServiceNow 的很多经验都值得参考，但很难直接复制到中国市场应用。在如今云原生和 AI 原生时代，结合中国国情，相信中国软件公司一定会有更好的解决问题思路。

创业这些年，我与同行业公司交流很多，大家都深感国内与国外软件行业的发展是冰火两重天。过去在资本充裕野蛮生长的时期，发展已不如预期；如今在经济下行期，面对未来市场发展的不确定性，软件公司的发展更需要降本增效深耕细作。任何公司的发展都没有捷径，斯洛特曼在书中分享的五大管理原则，印证了很多我之前对 ServiceNow 成功的猜测，也为企业管理者提供了一手的视角与信息。结合 Data Domain、ServiceNow、Snowflake 超速发展和不断越界挑战的经历，相信这本书可以给国内软件从业者带来更多的启示、勇气与信心，让一家公司在不改变人才、结构或基本商业模式的情况下进一步实现业绩增长！

完稿于 2024 年 11 月 11 日

ServiceNow 股价突破 1 000 美元之日

AMP
ITUP

各方赞誉

　　Snowflake 前 CEO 弗兰克·斯洛特曼的《如何成功管理一家软件公司》为我们提供了一个宝贵的指南，阐述了如何通过系统化方法来打造千亿美元级 SaaS 企业。作为一名在中国市场具有 SaaS 企业创业经验并辅导过众多 SaaS 企业创始人的孵化者，我深刻体会到书中提到的关键点在中国市场的独特应用。

　　书中强调的提升标准、加快节奏和聚焦精力等核心理念，需要我们根据中国市场的特点进行灵活调整。在美国，用户对产品质量和体验的要求极高，SaaS 企业需要不断对产品进行测试。而在中国，由于企业间的竞争更为激烈，快速迭代、贴身服务和及时响应成为制胜关键。我们需要建立更加快速的反馈机制，充分利用用户数据来优化产品结构，以适应瞬息万变的市场环境。

　　中国市场环境的复杂性和变化速度要求我们采用更加敏捷的"试点—反馈—迭代"模式。我们需要更快速地确定用户需求优先级，推出最小可行产品（MVP），并根据市场反应迅速调整策略。同时，我们还需要在保持对细分市场专注的同时，对新兴市场及其用户的需求保持高度敏感，灵活调整产品线以满足多元化的客户需求。

　　这本书不仅提供了管理智慧，还让我意识到在不同市场中需要采取不同的策略。它强调管理软件公司的五大关键：提升标准、协调团队、聚焦精力、加快节奏、打磨战略。这些关键策略需要根据中国市场的特点来具体实施，如不断提高产品质量，快速反应和执行，集中资源于核心任务，以及确保团队协作顺畅等。

这本书的作者还提醒我们，企业不应过度依赖外部顾问，而应培养积极应对挑战的心态。这种思维方式能够帮助团队在面对各种风险和不确定性时保持灵活性和应变能力，从而更好地把握机会，实现目标。

总的来说，这本书为软件行业的创业者，特别是那些希望在中美市场上取得成功的企业家提供了宝贵的建议。无论是初创公司还是已经在市场中站稳脚跟的企业，都能从中获得启发，学会如何在激烈的市场竞争中脱颖而出，同时保持积极向上的工作氛围，推动企业可持续发展。

檀 林

北大汇丰商学院未来实验室首席未来学家

作者弗兰克·斯洛特曼曾经是 Data Domain、ServiceNow和 Snowflake 的 CEO，并且带领 Snowflake 实现了史上规模最大的云计算和软件公司 IPO。他结合自身经验，分享了管理软件公司的五大关键。从提升标准到打磨战略，涵盖团队协调、精力聚焦等多方面，对所有 B2B 高科技行业的从业者都具有非常深刻的借鉴意义。书中强调了使命驱动、执行力的重要性，还给出了企业领导者如何应对竞争、培养员工等实用建议。无论是 CEO 还是管理者，都能从中获取宝贵的管理智慧，助力企业实现高质量增长。

蔡 勇

销售加速教科书《硅谷蓝图》译者，硅谷销售研究院创始人

这本书直接体现了弗兰克·斯洛特曼的管理风格——直截了当，高效，一切都围绕"执行"展开。在这本书中，斯洛特曼给出了帮助领导者提高公司绩效，实现超速增长的方式，即提高员工期望，增加紧迫感和工作强度。作为领导 ServiceNow 和 Data Domain 实现指数级增长、上市，又带领 Snowflake 实现了有史以来最大规模云计算和软件 IPO 的软件公司领导者，他的风格聚焦于冷静和高效的执行。我向所有软件公司的管理者和工程师推荐这本书，它没有那些外企商管书里滥用的"领导力"陈词（一个高效组织里，每个人都在宣传贯彻领导力是不正常的），专注于提升公司员工的执行力而非领导者制定的策略。我印象深刻的是他提到："即便公司制定出的战略未必完美，但良好的执行也能让我们在竞争中胜过对手。"

他在书中强调了管理软件公司的五大关键：提升标准、协调团队、聚焦精力、加快节奏、打磨战略，并在他领导过的三家公司中举出实际案例。这使得这本书具有相当普遍的实操指

导作用，即便是个体工程师，也可以从中了解一个高效管理者的行事思路——"上下同欲者胜"。

很多介绍如何管理组织和培养领导力的图书，都只传播了一种"理念"，你读完以后很激动，好像自己的理念、思维发生了转变，但随着时间的潮水退去，你发现理念的改变并不能给你带来知识和技能的增长。这本书不仅分享了高速增长的软件公司在现实世界里会遇到的挑战和管理公司需具备的知识，还结合实际案例给出了技能样板，可以让软件公司里从中层到一线的管理者、工程师"有样学样，迎头赶上"。

斯洛特曼就像讲话温和版的托马斯·维德（Thomas Wade），带领着软件工程师们"前进，前进，不惜代价地前进"。

何万青

英特尔中国数据中心与人工智能集团首席工程师

尽管中美两国的科技行业在市场环境、客户偏好、人才结构和商业形态等方面存在显著差异，但对于重视技术创新和以产品为导向的 TOB 类科技公司，成功之路并非无迹可寻。弗兰克·斯洛特曼以其领导的三家公司的成功经验为蓝本，系统性地提炼出了一套普适的经营哲学。对处于不同成长阶段，提供截然不同的产品，拥有各自独特文化的三家公司，斯洛特曼在目标设定、团队文化塑造以及高效经营策略等方面，实现了惊人的一致性。本书为新晋 CEO 提供了领导和经营框架，也

适合经验丰富的 CEO 用来复盘和优化当前的管理实践，值得
大家深度品鉴学习。

杨 冰
北京奥星贝斯科技有限公司（蚂蚁 OceanBase 数据库）CEO

　　中国从 20 世纪 80 年代末开始就有软件公司出现。但经历
了 30 多年的发展，中国并没有出现像硬件公司联想、华为这
样驰名全球的软件公司。做好一个软件和做好一家软件公司非
常不同。弗兰克·斯洛特曼在这本书中，把他几十年积累的成
功打造软件公司的经验，进行了详尽的分享。做一个好的软件
产品，更多依赖的是技术；做一家成功的软件公司，你要建立
公司的愿景、文化、人力资源结构、激励措施、市场竞争策略
等，这些管理能力比技术更重要。这本书不仅给出了一家软件
公司的管理框架，还分享了一家成功的软件公司的管理战略和
战术，比如优秀的管理者如何处理和股东之间的关系，如何能
够把握公司发展的节奏等，相信这本书能使中国的软件公司经
营者受益。

杨德宏
杭州米雅信息科技有限公司董事长

　　2016 年，我第一次聆听弗兰克·斯洛特曼关于 ServiceNow
要从 IT 服务管理向更广阔的企业服务管理平台迈进的主题演

讲时，就留下了深刻印象。他作为 CEO 带领上市的三家公司，都不是他创立的，但都被他重塑并达到连创始人都始料未及的高度。斯洛特曼不仅是一位优秀的经理人，更是一位杰出的创业者，本书讲述了他的成功秘诀，提供了极具实操性的管理思路和方法，值得软件行业的每一位企业家反复研读。

陈傲寒

北京优锘科技股份有限公司 CEO

从 ServiceNow 的产品演进中可以看到，传统以流程驱动的工具运维模式已无法适应新一代云数据中心的需要。广通优云从 2016 年开始构建运维中台，在与大客户共同分解运维工作、抽象对象模型、建数据库和能力底座、构建生态系统的过程中遇到了很多挑战，也取得了一定的成绩。看到斯洛特曼在本书中分享他职业生涯的奋斗历程和实操经验，我们深感鼓舞和振奋，更增添了前行的动力，期待中国的运维行业也能出现像 ServiceNow 公司提供的优秀的一体化解决方案。

徐育毅

北京广通优云科技股份有限公司董事长

弗兰克·斯洛特曼以一己之力推动三家科技公司在不同阶段获得高速成长，均以高市值被并购或者独立上市，堪称奇迹，其管理公司的心法尽录于此书。作为一名科技行业的创业者，我深感经营一家科技公司在美国和中国的市场逻辑有很大不同，但从做大做强的经营之道上看，却又有异曲同工之处。

现如今的经济情况下，科技行业的创业公司，尤其是企业级软件类创业者，更应该关注降本增效。这本书中所提到的以使命凝聚公司文化、优秀的执行力重于战略、聚焦注意力这几点，在逆水行舟的当下显得更为重要，相信读过这本书的人都能从作者身体力行的实践真知中有所收获，也很感谢译者能将此书带给所有科技公司的创业者和管理者。

杨　辰
上海擎创信息技术有限公司董事长

一次成功可能是一种偶然，而如果一个人可以反复成功，则大概率证明他确实掌握了成功的金钥匙——那些可以被推广复制的，可以被借鉴学习的方法论和实操指南。对于我这样一名TOB领域的创业者，弗兰克·斯洛特曼的这本书可称为"我读过的最好的创业启迪之作"。它不是教条式的说教，也不是老夫子式的循循善诱，它是一位深谙成功之道的优秀CEO、创业斗士和导师实践所得出的真知。

对于所有志存高远的组织和个人，这本书都给出了切实的指导纲领和执行路径。它强调"不要聘请顾问或战略家""执行优于战略""向渐进主义宣战""不需要客户成功部门"，以及认为一个组织完全可以在不引入任何外部资源或大调组织架构的情况下，只通过每个员工做对事情就实现自我起飞。书中随处可见这种智慧的火花和扎实的案例，读完后让人内心久久不能平静。它既可以为创业者在寒冬中点燃激情，也为创业者揭示了驱动企业起飞的真相，还为大家提炼了可操作的执行要点，值得每一名有创业精神的个人阅读。

朱品燕

北京灵犀联云科技有限公司董事长

"增长"被誉为是解决分司一切发展经济问题的良药，那什么药能够解决"增长"问题呢？管理类书籍浩如烟海，不过，来自实践者本人的"真知"总是令人着迷。弗兰克·斯洛特曼先生拥有一段传奇的经历，也非常"强势"，打造的企业文化也是如此。国内很多企业在面对管理升级的难题，也在面对"数字深化"过程中的驱动力问题，破解这些困难是否也需要建立"强势"的企业文化呢？让这本《如何成功管理一家软件公司》引导我们共同思考吧！

付晓岩

北京天润聚粮创始人

《企业级业务架构设计》《聚合架构》作者

在我 30 多年的风险投资经历中，我从未见过像斯洛特曼这样具有如此有效的运营知识的人。对他而言，一切都始于并终于硬核、专注的执行力。"习惯不舒服""希望不是一种策略""建立品牌的最佳方式是获得更多客户"是他教我们的一部分理念。毫无疑问，他使我们许多人成为更好的董事会成员，让我们在其他 CEO 的旅程中为他们提供更多的帮助。

道格拉斯·莱昂内

红杉资本全球管理合伙人

弗兰克是表现最好的 CEO 之一。这本书是每个渴望激励团队、激发卓越并超越预期的领导者的必读之作。

比尔·麦克德莫特

ServiceNow 总裁兼首席执行官

这本书非常适合企业领导者阅读。作为一名 CEO，斯洛特曼对管理一家企业应该做什么、不应该做什么有着十分清晰的认识。所以，如果你正在寻找一本教你如何使员工专注使命、以较高水平执行任务的书，那么这本书不可不读。

乔·图奇

易安信前董事长兼首席执行官

在过去 15 年中，我有幸亲眼目睹了弗兰克·斯洛特曼在 Data Domain、ServiceNow 和 Snowflake 的成功。斯洛特曼之所以能成为全球顶尖的科技公司 CEO，是因为他不仅设定了极高的期望值，而且还能超越这些期望；他是一个具有高度诚信的领导者；他能够向团队清晰传达战略；他还是一个无所畏惧的领袖，为了胜利愿意不惜一切代价。对于任何希望带领团队和组织迈向更高台阶的人来说，这是一本必读之作。

迈克·斯佩瑟

萨特山创投常务董事

弗兰克·斯洛特曼曾在我的团队里工作，他是位了不起的领导者。他以公司的核心业务和用户体验为核心，打造了一种高效的工作氛围，并且每天都在公司里不断营造这种氛围。他在这本书里不仅讲述了如何实践这个过程，还告诉我们怎样在其他公司里使用这种方法。

帕特·基辛格

英特尔首席执行官

弗兰克·斯洛特曼在这本书中公开了他的成功方法，让大家都能通过学习得到启发。要让公司需要做的事情简单明了，始终关注客户，排除那些让人分心的事情，然后以最好的质量、最快的速度去执行……这本书就像一个我们都能跟着做的美食食谱。

万豪敦

皇家飞利浦前首席执行官